BRENNPUNKTE

Die Zukunft der Industrie in Europa

Fischer Taschenbuch Verlag
Gottlieb Duttweiler-Institut

Die Schriftenreihe »Brennpunkte« wird herausgegeben vom Gottlieb Duttweiler-Institut für wirtschaftliche und soziale Studien, Rüschlikon/ Zürich
Redaktion: Rudolf Brun / Übersetzung: Walter J. Kuske

Fischer Taschenbuch Verlag
Dezember 1976

Fischer Taschenbuch Verlag GmbH, Frankfurt am Main
Lizenzausgabe mit freundlicher Genehmigung des Gottlieb Duttweiler-Instituts, Rüschlikon/Zürich
Nr. 6 des 7. Jahrgangs der »Brennpunkte« (gdi-topics), Dezember 1976
Erscheint jeden zweiten Monat
Gezeichnete Beiträge geben nicht in jedem Fall die Meinung der Redaktion wieder.
Anschrift der Redaktion:
Gottlieb Duttweiler-Institut
Park »Im Grüene«
CH-8803 Rüschlikon
Telefon 01/724 00 20
Telex 55 699
Telegramm: Greenmeadow

Satzherstellung: Otto Gutfreund & Sohn, Darmstadt
Druck und Bindung: Clausen & Bosse, Leck/Schleswig
Printed in Germany
ISBN 3-436-02390-6
ISSN 0340-5907

Inhalt

Die Zukunft der Industrie in Europa

Editorial	Vom Abendland zum »Brain-Europa«?	7
Kolumne	Olivier Giscard d'Estaing Die Chance Westeuropas	9
Ralf G. Dahrendorf	Die Herausforderung annehmen	13
Abd-el Rahman Khane	Die Weltpolitik hat sich geändert	27
Edward Heath	Freie Unternehmen in einem freien Europa	43
François Mitterand	Gegen ein Westeuropa der Monopole	57
Forum	Erwin Bielinski, Emil Küng, Klaus M. Schwab Ein Westeuropa der Dienstleistung?	75
Ralph Nader	Für eine demokratische Verbraucherpolitik	93
Jan Tinbergen	Die Weltprobleme zwingen zum Umdenken	107

83,93291 : 56,95 = 1,4738
26982
42029
21641
45560
diamant memory
MEMORY
%
EX
%
CM
MT
7 8 9
÷
RM
4 5 6
×
1 2 3
−
M-
0
+
M+

EDITORIAL

Vom Abendland zum »Brain-Europa«?

»Braintrust«, »Brainstorming« – das sind die neuen Zauberschlüssel für die westeuropäische Industrie. Die Organisationsmethoden werden komplexer, die Produkte differenzierter. Der elektronische Handrechner markiert eine neue Epoche. Der Taschencomputer wird, muß kommen.

Wir bewegen uns auf einem vertrauten Weg. Das Leitbild für das Abendland ist oft genug mit der Entwicklung des Denkens überhaupt gleich gesetzt worden. Und heute sind wir so weit: Das Zeitalter des totalen Denkens scheint angebrochen zu sein.

Doch niemand möchte behaupten, das Abendland würde noch existieren. Im Gegenteil, wir fühlen uns durch und durch als Westeuropäer und gewiß nicht als »Abendländler«. Die Unerbittlichkeit des Denkens, bei den Alten Griechen angelegt, hat sich durchgesetzt. Renaissance, Aufklärung, industrielle Revolution, Automation und Elektronik heißen die Stationen.

Von »Computopia« mag kein Manager sprechen. Sie denken nüchtern. Die Computer ermöglichen vor allem neue Märkte. Dienstleistungen aller Art und Unart breiten sich auf den Wogen des Wohlfahrtsstaates aus. Lange scheint es her, daß wir Bauern und Handwerker waren.

Aus den europäischen Kolonien wurde die »Dritte Welt«. Sie hat bemerkt, daß die Rohstoffe zum großen Teil bei ihr liegen. Das verleiht Selbstbewußtsein. Wir versuchen uns anzupassen und sprechen von internationaler Arbeitsteilung. Wir teilen den Fortschritt von gestern, die Massenproduktion. Wir behalten uns die Innovation vor. Europa ist nur als Avantgarde der Entwicklung gut genug.

Wenn wir schon auf quantitatives Wachstum verzichten (müssen), so üben wir uns heute in vornehmer Qualität. Wir sind nicht mehr die Größten, wir wollen nur noch die Besten sein. An der Spitze müssen wir auf alle Fälle sein. »Wir im Norden denken, Ihr im Süden produziert in Massen!«

Gibt es eine Grenze im Wachstum des Denkens? Wie viele Märkte liegen in den Windungen des Gehirns, in den Nerven? Was tun wir, wenn der Beduine im Zelt mit seinem selber gemachten Computer die Sandkörner der Wüste zählt? Was kommt nachher? Was tun wir hier, im Norden? Wohin können wir expandieren? Auf den Mond, ins Weltall, wie dies Herman Kahn in seiner prophetischen Fülle zum voraus behauptet?

Für pragmatische Manager mögen solche Fragen »spinnig« genug sein. Doch wenn es stimmt, daß Wirtschaftswachstum, ob exponentiell oder nicht, ebenso soziale wie ökonomische Folgen zeitigt, so können wir nicht genug science-fiction treiben. Denn der Zug fährt immer schneller. Bald kann niemand mehr auf ihn springen. Und jene, die schon im Zug sind, haben immer mehr Mühe, ihn zu steuern.

Irgendwo, irgendwann müssen wir in die Kurve einbiegen. Es sei denn, wir hielten uns für unendlich. Doch diese Kurve bereitet uns Kummer. Denn sie bedeutet Verzicht. Umverteilung der Ressourcen, Selbstbeschränkung. Noch halten wir uns für so frei, den Augenblick selber bestimmen zu können, in dem wir einbiegen. Doch eines Tages wird die Maschine zu gigantisch geworden sein, als daß wir noch abbiegen könnten. Es bliebe uns nichts anderes übrig, als bei »Unbekannt« zu stranden. Europa ahoi...

Rudolf Brun
Gottlieb Duttweiler-Institut

Bei den Beiträgen in diesem Heft handelt es sich um ausgewählte Vorträge des Symposiums des »European Management Forum« (Davos 1975).

KOLUMNE

Die Chance Westeuropas

Olivier Giscard d'Estaing, Président du Centre Européen du Commerce International

(Foto: Patrick Goebelen)

Im Vergleich zur großen Sorge, die wir 1974 verspürten, haben wir heute den Eindruck, der Zukunft mit größerem Vertrauen entgegenblicken zu können. Aber ich glaube, daß auf dem Gebiet der industriellen Strategien heute der spannendste Moment erreicht ist, denn es liegt an uns, die Richtung anzugeben, in der sich die Erholung vollziehen wird.

Jedermann kennt die Fabel von der Eiche und dem Schilfrohr von *La Fontaine.* Sie stellt zwei Haltungen dar: die Festigkeit und die Geschmeidigkeit. Soll man sich nach dem Winde drehen oder fest und unerschütterlich auf ein für allemal tief verwurzelten Überzeugungen beharren.

Als ich jung war, hatte ich einmal mit einem Schulaufsatz großen Erfolg, in dem ich die Haltung der Eiche verteidigte; heute – das muß eine Alterserscheinung sein – habe ich den Eindruck, daß man die großen Strömungen oder Winde spüren muß, die an der Gesellschaft rütteln und daß wir sehr im Unrecht wären, wenn wir versuchen würden, einigen dieser Entwicklungen Hindernisse entgegenzustellen.

Es ist in Wirklichkeit sehr schwierig, die äußeren Tendenzen, ihre Dauer und ihren Wechsel, ihre Beschleunigung und ihre Verlangsamung zu messen. Wenn man die Wirtschaft betrachtet, wie sie sich in den letzten fünf Jahren entwickelt hat, dann fragt man sich: was für eine Menge Fehler sind da begangen worden?! Wenn wir die Politik betrachten: wohin gehen wir da eigentlich?

Ich möchte hier *Jean François Revel* anführen, der in seinem ausgezeichneten Werk »*La tentation totalitaire*« den Glauben äußert, daß die heutige Welt sich unvermeidlich zum Sozialismus hin entwickelt. Aber wenn man seine Definition vom Sozialismus betrachtet, ist sie für die Liberalen weniger beunruhigend als eine solche Tendenz für sie sein könnte. Denn er sagt, alles sei Sozialismus, jede Entwicklung, Reform oder Revolution, die ihre Konsequenz darauf ausrichtet, die Wirtschaft ein wenig mehr in den Dienst des Menschen zu stellen und den Menschen weniger auf den wirtschaftlichen Gewinn auszurichten.

Wenn aber damit die Inbesitznahme der Privatwirtschaft durch den Staat gemeint wäre, so glaube ich nicht, daß diese Entwicklung unausweichlich ist. Diese hat wohl einer bestimmten Zeit der Entwicklung und der Befreiung von jenen Ländern gedient, die sich einer Vorherrschaft durch andere, mächtigere Staaten entledigen wollten. Diese Entwicklung hat vielleicht einer gewissen Phase entsprochen. Ich glaube, daß die lebendigen Kräfte – wie jene der Freiheiten, insbesondere jene, unternehmerisch tätig zu werden –, in den kommenden Jahrzehnten große Gelegenheit haben werden, sich einen Platz an der Sonne zu sichern. Auf alle Fälle wünsche ich es. Ich lege Wert darauf, an diesen Glauben zu erinnern, den ich in die unternehmerische Freiheit angesichts des Aufstiegs eines gewissen Sozialismus oder Totalitarismus habe.

Die industrielle Strategie gilt zuerst der industriellen Demokratie. Es erscheint mir unerläßlich, dynamisch auf die Forderung nach Mitbestimmung zu reagieren, in ihrer Richtung zu gehen, sie zu organisieren, indem man sie mit einer mikroökonomischen Bildung begleitet, Konzertierungsorgane einsetzt. Dabei geht es nicht darum, die Entscheidungsgewalt aus den Händen zu geben, obwohl es notwendig ist, sie ins psychologische Gewebe, in soziale Reaktionen und in eine Ebene der Problemkenntnis einzubetten, die sich in den letzten zwanzig bis fünfzig Jahren stark verändert haben.

Die zweite Anwendung dieser Strategie bezieht sich auf das verlangsamte Wachstum in der westlichen Welt. Wir können natürlich über die mögliche Wachstumsrate der nächsten Jahre diskutieren. Aber meine Überzeugung ist es, daß wir in Westeuropa nie mehr ein Wachstum haben werden wie in den Jahren nach 1950. Heißt das, daß wir lernen müssen, Unternehmen im Abschwung zu führen? Auf alle Fälle, wir werden einen Industrietypus haben, der weniger verschwenderisch ist, der aber trotzdem von einer Strategie der Entwicklung und schließlich des Wachstums geleitet sein muß.

Die dritte Anwendung dieser Strategie gilt der Dritten Welt. Ich begegne auch da einer sehr häufigen Reaktion. Oft heißt es:

»*Man muß die Industrialisierung der Dritten Welt vermeiden. Wir, die wir über die Technologie verfügen, übergeben sie Ländern, wo die Arbeitskraft halb soviel kostet wie bei uns. Es sind Länder, die mit unseren Märk-*

ten rechnen, um ihre Expansion zu sichern. Wir werden von Produkten überschwemmt werden, die in der Dritten Welt fabriziert werden.«

Meine Haltung ist ganz anders. Die Strategie, die ich vorschlage, ist im Gegenteil eine Strategie des sehr dynamischen und sehr tiefen Engagements zugunsten des industriellen Wachstums in der Dritten Welt.

Vielleicht wünschen einige, gegen den Strom zu schwimmen. Vielleicht gelingt dies einigen, da und dort. Es wird Unternehmen geben, die eine bestimmte Unternehmenspolitik aufweisen, die eher einem Leitbild aus der Vergangenheit entspricht. Gleichwohl könnte es ihnen gelingen, zeitweise Gewinne zu machen. Wir müssen trotzdem eine planetarische Gesamtkonzeption ins Auge fassen. Diese ergibt sich letzten Endes aus der Summe der einzelnen Unternehmensstrategien und aus der Zusammenarbeit mit den Staaten, zum Beispiel in Form von Regelungen im Weltmaßstab (Währungsordnung). So können sich unsere Strategien zugleich vom Ideal wie vom Realismus beeinflussen lassen, wie sich dies in der Forderung nach Partizipation, Qualität des Lebens und Entwicklung der Dritten Welt zeigt.

Ralf G. Dahrendorf

Die Herausforderung annehmen

Prof. Dr. Ralf G. Dahrendorf, Director, London School of Economics and Political Science

(Foto: Patrick Goebelen)

Am 15. August 1971 hat Präsident Nixon nicht nur die Konvertibilität des Dollars in Gold aufgehoben. Er hat damit zugleich ein Weltwirtschaftssystem in Frage gestellt, das für eine begrenzte Anzahl von Ländern gültig gewesen ist. Die Ölkrise vom Herbst 1973 und die sechste und siebente Sonderversammlung der Generalversammlung der UNO haben diesen Zerfall beschleunigt. Mit der von den Erdölländern erzwungenen Machtprobe und der Forderung der Dritten Welt nach einer »Neuen Internationalen Wirtschaftsordnung« sind die neuen Fronten sichtbar geworden. Dabei wäre es aber falsch, wenn die OECD-Länder sich in eine defensive Haltung abdrängen lassen würden. Ein Vorsprung gibt kein Vorrecht, aber er gibt nützliche Erfahrung. In diesem Sinn müßten die westlichen Industrieländer den Dialog zwischen Nord und Süd suchen und gestalten. Was wir heute in der Dritten Welt erleben, läßt sich mit einer »Arbeiterbewegung« vergleichen, die im Weltmaßstab sich organisiert und Forderungen erhebt. Ralf Dahrendorf untersucht im folgenden auf Grund von fünf Beispielen, wie diese Einsichten in eine fruchtbare Zusammenarbeit zwischen Industrienationen und Dritter Welt umgestaltet werden können.

Ich möchte etwas tun, für das ich mich nicht entschuldige, weil ich glaube, daß es von erheblicher Bedeutung ist, das aber nichtsdestoweniger einige der speziellen Fragen, die sich stellen, ausspart. Ich möchte nämlich sprechen von der *Einstellung,* die nach meiner Meinung erforderlich ist, wenn wir die Herausforderung der *»Neuen Weltwirtschaftsordnung«* in den entwickelten Ländern der Welt angemessen aufnehmen wollen. Ich wende mich dabei vornehmlich, um die neue Geographie zu verwenden, an die Unternehmer und Manager, die aus dem Norden kommen, obwohl zweifellos gerade diese Diskussion der verschiedenen Einstellungen zwischen Nord und Süd, zwischen den Vertretern der OECD-Länder und den Vertretern der noch im Prozeß der Entwicklung begriffenen Länder geführt werden muß.

Die Einstellung, der ich hier das Wort reden will, läßt sich in einem einzigen Satz ausdrücken:

Ein Vorsprung gibt kein Vorrecht, aber er gibt nützliche Erfahrung.

Die Tatsache, daß man in wirtschaftlicher Hinsicht weiter fortgeschritten ist als viele andere Volkswirtschaften und Länder der Welt, bedeutet keinesfalls, daß man das Recht hat, aus diesem Fortschritt ein *Privileg* zu machen. Doch diese Tatsache bedeutet, daß man das Recht hat und vielleicht die Pflicht, die Grundlagen des eigenen Fortschritts auch anzuwenden auf die neuen Probleme einer neuen Weltwirtschaftsordnung.

Nur wenn wir in dieser Weise an die neuen Fragen herangehen, kommen wir von vornherein heraus aus einer unnötigen Konfrontation, in der die einen zu attakkieren scheinen und die anderen von sich glauben, sie seien in der Defensive. Es ist richtig und vieles spricht dafür, daß die Weltwirtschaftsordnung, die den entwikkelten Ländern der Welt seit dem Ende des Zweiten Weltkrieges sehr gut gedient hat, in den letzten Jahren Risse bekommen hat, ja man mag sogar sagen, in die Brüche gegangen ist.

»Es ist richtig und vieles spricht dafür, daß die Weltwirtschaftsordnung, die den entwickelten Ländern der Welt seit dem Ende des Zweiten Weltkrieges sehr gut gedient hat, in den letzten Jahren Risse bekommen hat.«

Abschied von der alten Weltwirtschaftsordnung

Drei Daten zumindest fallen ins Auge. Ich will noch einmal daran erinnern, weil das der Hintergrund ist, vor dem wir hier unsere Diskussion führen. Das Jahr *1971* markiert in wesentlicher Hinsicht das Ende der Grundannahmen der freien Weltwirtschaft in der Nachkriegszeit. Ich bin nach wie vor der Meinung, daß am *15. August 1971* mehr geschehen ist als die Aufhebung der Konvertibilität des Dollars in Gold. Am 15. August 1971 ist in gewisser Weise ein bestimmtes, für eine begrenzte Zahl von Ländern nützliches Weltwirtschafts- und Weltwährungssystem aufgekündigt worden. Es war übrigens ein Weltwirtschafts- und Weltwährungssystem, das nicht durchweg auf liberalen Grundsätzen beruhte.

Am 15. August 1971 verkündete Präsident Nixon, daß die Konvertibilität des US-Dollars in Gold aufgehoben sei. Die Weltwirtschaftsordnung, wie sie in Bretton-Woods vereinbart wurde, kam ins Wanken.

Man könnte ja durchaus argumentieren, und mancher liberale Theoretiker tut das, daß das System, das wir seitdem haben, also das System des allgemeinen, mehr oder minder sauberen *Floatings* beispielsweise im Währungsbereich, sehr viel liberaler ist als das, was vorher existierte. Es ist nicht ganz unwichtig in unserem Zusammenhang, sich daran zu erinnern, daß das Weltwährungssystem bis 1971, zum Teil bis 1973, auf gewissen Grundannahmen beruhte, die Stabilität verschafften, ohne daß es eine volle Freiheit der Bewegung der Währungen gab, ohne daß der Traum der Liberalen verwirklicht gewesen wäre. Es war für dieses System entscheidend, daß der *Dollar* als Rückhalt gewisse langfristige oder zumindest mittelfristige Perspektivplanungen, sowohl für den einzelnen Wirtschaftenden als auch für die wirtschaftenden Länder erlaubte.

Seitdem versucht der Internationale Währungsfonds, mehr oder minder erfolgreich, neue Grundsätze der währungspolitischen Zusammenarbeit zu entwickeln. Gleichzeitig haben im Rahmen des *GATT* unter dem Namen »*Tokiorunde*« Erörterungen darüber begonnen, welche neuen Regelungen in das Welthandelssystem eingeführt werden müssen. Ich verrate kein Geheimnis, wenn ich dem kommentierend anfüge, daß alle diese Entwicklungen bisher zu keinerlei klaren Ergebnissen geführt haben, daß wir uns hier in einer offenen weltwirtschaftlichen Landschaft bewegen.

1973 markiert dann das zweite Grundelement der Veränderungen einer alten Wirtschaftsordnung. Auf der einen Seite ist im *Oktober, November, Dezember 1973* deutlich geworden, daß Länder, die nicht zur OECD-Gemeinschaft gehörten, nichtsdestoweniger eine erhebliche Machtstellung in der Weltwirtschaft ausüben. Das zumindest ist die bleibende Lehre aus der Krise um das Öl und später um die sogenannten Petrodollars *1973/74*. Zugleich hat 1973 gezeigt, und das muß man ganz nüchtern feststellen, auch wenn man es bedauern mag, daß die entwickelten Länder auf diese neue Herausforderung zunächst keine gemeinsame und ganz sicher keine solidarische Antwort gefunden haben. Insofern ist 1973 ein weiterer Schritt in der Öffnung eines 20–25 Jahre dauernden Weltwirtschaftssystems für neue Möglichkeiten, für neue Herausforderungen, für neue Erwartungen.

Ein Schnappschuß an der entscheidenden OPEC-Sitzung vom 17. Oktober 1973 in Kuwait. Eine Konferenz, die die westlichen Industrienationen erschütterte.

»1975, und ich schreibe bewußt 1975, ist das Jahr, in dem die ersten Vorschläge konkrete Gestalt annehmen für eine neue Ordnung der Weltwirtschaft.«

Und *1975* – ich schreibe bewußt 1975, weil ich mit Dr. Khane der Meinung bin, daß die *Konferenz* von *Lima* und die *7. Sonderversammlung der Vereinten Nationen* hier von erheblicher Bedeutung sind – ist das Jahr, in dem die ersten Vorschläge konkrete Gestalt annehmen für eine neue Ordnung der Weltwirtschaft. Der *algerische Vorschlag* für eine neue Weltwirtschaftsordnung wird bereits erörtert, wird im Rahmen der UNIDO und später im Rahmen der Vereinten Nationen insgesamt zu ersten Ergebnissen geführt und beherrscht seitdem die Diskussion international.

Das Emblem der UNO bedeutet nicht nur Machtlosigkeit der Weltorganisation. Durch die 6. und 7. Sonder-Versammlung der Generalversammlung der UNO (1974 und 1975) wurde der Begriff der ›New International Economic Order‹ geprägt.

Proletarische Nationen contra reiche Nationen?

Man kann, wenn man will, diese Entwicklung in den düstersten Farben malen. Man kann, wenn man will, in dieser Geschichte so etwas sehen wie den Zerfall der Institutionen, Erwartungen und Vorstellungen, die die Welt der OECD-Länder seit, sagen wir, 1948 oder 1950 beherrscht und geprägt haben. Ich will das nicht.

Ich will es erstens darum nicht, weil ich es in jedem Fall unwürdig finde, historische Entwicklungen mit dieser Art von Pessimismus zu betrachten und sich damit der Notwendigkeit zu entziehen, etwas zu tun, um die eigenen Ziele zu verwirklichen. Ich tue es aber auch darum nicht, weil es nach meiner Meinung irrig wäre, in dieser Weise die Entwicklung der letzten Jahre zu analysieren. Tatsächlich ist in diesen Jahren nämlich etwas im Weltmaßstab geschehen, was die entwickelten Länder aus ihrer inneren Entwicklung in den letzten 100 Jahren ganz gut kennen. Tatsächlich erleben wir im Weltmaßstab so etwas wie die Entstehung der Arbeiterbewegung und die Organisation der Arbeiterbewegung, wie dies in den entwickelten Ländern seit der Mitte des 19. Jahrhunderts der Fall war.

»Wir erleben im Weltmaßstab so etwas wie die Entstehung der Arbeiterbewegung und die Organisation der Arbeiterbewegung, wie dies in den entwickelten Ländern seit der Mitte des 19. Jahrhunderts der Fall war.«

Der Vergleich hinkt sicher. Ich glaube, es ist trotzdem kein Zufall, daß Dr. Khane von *»nations prolétaires«* spricht und davon, daß diese »nations prolétaires« ein Mißtrauen gegenüber den entwickelten Ländern haben, das sich vergleichen läßt mit dem Mißtrauen, das die Gewerkschaften gegenüber den Unternehmern haben oder hatten. Eine Gruppe von Ländern in der Welt in einer vergleichsweise benachteiligten ökonomischen Position findet sowohl die Quellen der Kraft als auch die Methode, um ihre Interessen weltweit geltend zu machen. Diese Gruppe von Ländern ist schlicht nicht mehr zu übersehen.

Alternativen zu einem direkten Geprāch mit dem Versuch, gemeinsame Lösungen zu entwickeln, gibt es im Grunde nicht. Wer versucht, die neuen Forderungen zu ignorieren, läuft weltweit wie früher im Inneren Gefahr, diese Forderungen nur virulenter zu machen, und am Ende gewaltsame Ausbrüche dieser Forderungen in Kauf zu nehmen. Wer den Forderungen voll nachzugeben versucht, so wie sie gestellt werden, gibt sich selber auf und gibt damit zugleich die Erfahrungen auf, die die entwickelten Länder gesammelt haben.

»Es gibt im Grunde nur die Lösung, daß man sich, und ich werde ernstlich hoffen, im Rahmen der Vereinten Nationen an einen Tisch setzt und versucht, die neuen Ansprüche zu verbinden mit den eigenen Werten und Grundsätzen.«

Es gibt im Grunde nur die *Lösung,* daß man sich – und ich werde ernstlich hoffen, im Rahmen der *Vereinten Nationen* – an einen Tisch setzt und versucht, die neuen Ansprüche zu verbinden mit den eigenen Werten und Grundsätzen. Die Länder, die in dieser Weise mit Gewerkschaften, mit der Arbeiterbewegung insgesamt verhandelt haben, haben am stärksten ihre Freiheit erhalten, und wenn die freie Welt Wert darauf legt – ich hoffe, sie tut es –, ihre Freiheit zu erhalten, dann ist auch für sie die Antwort: Verhandlung über die neuen Forderungen.

Dabei geht es, und auch das ist zu betonen, nicht etwa nur um einen Verteilungskampf. Dabei geht es nicht etwa nur darum, die relative Macht der einen oder der anderen zu prüfen. Es geht vielmehr darum, daß alle Länder der Welt den Anspruch auf *Teilnahme* am Prozeß wirtschaftlicher Entwicklung und auch Teilnahme an den Möglichkeiten des Wohlstandes anmelden und das, wie ich meine, ist ein Grundrecht, das niemand irgend jemandem in der Welt bestreiten kann. Darum vertrete ich die These, daß ein Vorsprung in wirtschaftlicher Entwicklung kein Vorrecht gibt, sondern daß die Anerkennung dieses Grundrechtes von Bedeutung ist.

Das bedeutet konkret, daß wir uns die Forderungen ansehen müssen, die im Rahmen des Themas neue Weltwirtschaftsordnung gestellt werden, daß wir einsehen können, daß diese Forderungen als solche ihre Berechtigung haben und daß wir dann überprüfen müssen, in welcher Weise die Erfahrungen der entwickelten Volkswirtschaften und Gesellschaften anwendbar sind auf die Verwirklichung der neuen Forderungen. Anders ausgedrückt:

Die neuen Probleme und die neuen Möglichkeiten akzeptieren, aber die Art und Weise, in der man mit diesen Problemen fertig zu werden versucht, selber aktiv prägen im Lichte der eigenen Erfahrungen.

Das klingt abstrakt und allgemein, und ich möchte versuchen, es an fünf Beispielen zu konkretisieren. Keines der Beispiele werde ich erschöpfend behandeln, zu keinem der Beispiele werde ich mehr als einen Hinweis geben auf eine Möglichkeit, die Erfahrungen der entwickelten Welt auf die Forderungen der sich entwikkelnden Welt anzuwenden.

Einkommensgarantien für Entwicklungsländer mit Rohstoffen

Die Forderung ist verständlich. Man wird sie schwerlich abweisen können. Diese Länder, eigentlich alle Länder der Welt, wollen in der Lage sein, ihre eigene Wirtschaftsentwicklung mittelfristig zu planen, sie wollen nicht angewiesen sein auf Schwankungen in den Preisen des Weltmarktes, die sie nicht hervorgerufen haben, und die zugleich ihre eigenen Entwicklungschancen in einer sehr entscheidenden Weise beeinträchtigen können. Gerade Rohstoffpreise haben sehr und sicher nicht in einer sehr rationalen Weise geschwankt, obwohl der Begriff rational in mancherlei Bedeutung verwendet werden kann. Es ist vielleicht auch noch verständlich, daß die Rohstoffproduzenten ihre Forderung am liebsten realisieren würden durch scheinbar einfache Methoden. Zu diesen scheinbar einfachen Methoden gehört jeder Ansatz von *Mindestpreisen,* ebenso die Vorstellung einer gewissen *Indexierung,* also der Koppelung von Rohstoffpreisen mit den durchschnittlichen Preisen von Industrieprodukten.

Der Vertrag von Lomé (28.2.75)

Der Vertrag von Lomé zwischen der EG und 46 Entwicklungs-Ländern aus Afrika, dem Pazifischen Ozean und dem karibischen Raum (AKP-Länder) gilt als Muster für eine konstruktive Zusammenarbeit zwischen Nord und Süd. Er betrifft 55 Staaten mit 600 Millionen Menschen. Die AKP-Länder haben zoll- und kontingentfreien Zugang zum Gemeinschaftsmarkt der EG, und zwar nicht nur für gewerbliche Waren, sondern auch für die Agrarausfuhr der AKP-Staaten (mit einigen Einschränkungen). Die AKP-Staaten ihrerseits haben sich verpflichtet, der EG die Meistbegünstigung einzuräumen und die Mitgliedstaaten der EG nicht unterschiedlich zu behandeln. Als beispielhaft kann die Neuerung einer Stabilisierung der Ausfuhrerlöse bezeichnet werden. Diese Regelung bezieht sich auf 12 Grundprodukte. Dabei gilt folgende Hauptregel: Liegen die Erlöse aus der Ausfuhr dieser Produkte in die EG mindestens 7,5 Prozent unter dem Bezugsniveau (bezogen auf den Durchschnitt der letzten vier Jahre), so hat der betreffende Staat unter bestimmten Voraussetzungen einen Anspruch auf einen Ausgleich.

Dennoch meine ich, daß man hier genau zu einem jener Punkte gekommen ist, auf denen die Erfahrungen der entwickelten Länder angewendet werden müssen auf die legitimen Forderungen der übrigen Welt. Mindestpreise, die regelmäßig ausgehandelt werden und natürlich am Ende möglichst hoch sein sollen, Indexierung durch Koppelung an Durchschnittspreise von Industrieprodukten – das sind Methoden, die geradezu notwendigerweise die *Inflation* und *Inflationsentwicklung* fördern, und die zudem mit Sicherheit zu einer wirtschaftlichen Inflexibilität, einer Unbeweglichkeit führen, die am Ende allen zum Schaden gereicht. Hinzu kommt, daß es mir selber schaudert angesichts des Gedankens der gigantischen bürokratischen Anstrengungen, die gemacht werden müßten, um ein solches System aufrechtzuerhalten. Wenn man versucht, auch in der besten Absicht, Angebot und Nachfrage außer Kraft zu setzen, kommt günstigstenfalls, und das ist wahrhaftig schlimm genug, so etwas heraus wie die europäische gemeinsame Agrarpolitik. Eine solche Politik, die im Weltmaßstab auf eine ganze Fülle von Produkten angewendet wird, kann nicht im Interesse von irgend jemandem liegen, auch nicht im

Interesse derer, die mit Recht eine gewisse Sicherheit für ihr Einkommen aus ihren Produkten erwarten. Aus diesem Grunde scheint es mir sinnvoll, daß von der *Europäischen Gemeinschaft* im Rahmen des Abkommens von *Lomé* und in den Vereinten Nationen die Position vertreten worden ist, daß die Stabilisierung der Exporteinkommen von Rohstoffproduzenten auf etwas komplexere Weise realisiert werden muß.

Die Frage der mittelfristigen Kredite für Entwicklungsländer, wenn Rohstoffpreise unter ein bestimmtes Minimum sinken, die Frage spezifischer Warenabkommen, und die große, und wie mir scheint wichtige Frage der Lagerhaltung von Rohstoffen und einer gewissen Marktbeeinflussung durch die Lagerhaltung, bieten typische Ansätze, die dazu führen könnten, ein legitimes Ziel der Entwicklungsländer zu realisieren und zugleich Erfahrungen derer, die einen Vorsprung haben, nutzbar zu machen.

Das große Thema: die landwirtschaftliche Produktion

Der Blick auf die *Sowjetunion* genügt, um die Bedeutung dieses Themas zu sehen. Doch es gibt viele andere Länder, für die diese Bedeutung unverkennbar ist. Hier stellt sich auch die Frage, wie denn wohl am sinnvollsten die Gewähr dafür gegeben werden kann, daß die landwirtschaftliche Entwicklung in der Welt Schritt hält mit der Nachfrage nach landwirtschaftlichen Produkten, oder um es einfacher und richtiger auszudrücken, mit dem Hunger vieler Menschen in vielen Ländern. Auch hier scheint mir, daß der geeignete Weg zur Befriedigung der Bedürfnisse nicht darin liegt, daß Geld an Regierungen gegeben wird, in der Hoffnung, daß auf diese Weise Bedürfnisse schon gestillt werden können. Mir scheint der richtige Weg vielmehr darin zu liegen, daß man Produktionsanreize gibt, auch in den entwickelten Ländern, und zugleich ein Verteilungssystem aufbaut, das es erlaubt, eine wachsende landwirtschaftliche Produktion an die Orte zu bringen, wo sie am stärksten erforderlich ist. Das bedeutet, um die vorher gemachte Bemerkung über die europäische Agrarpolitik ein bißchen zu konkretisieren, daß wir unweigerlich auf absehbare Zeit dazu kommen müssen, den Nexus zwischen einem künstlichen Preis für Agrarprodukte in Europa und dem Einkommen von Landwirten zu lösen. Wir müssen dafür sorgen, daß Anreize für Produktion nicht durch einen künstlichen Preis und dann entstehende Überschüsse befriedigt werden, sondern durch echte Preise. Andererseits sind Maßnahmen erforderlich, die das Einkommen der Landwirte garantieren. Zugleich bedeutet es, daß die internationalen Organisationen im Bereich der landwirtschaftlichen Versorgung eine eher noch größere Bedeutung gewinnen müssen, als sie sie schon haben. Ich jedenfalls würde sehr hoffen, daß der Welternährungsrat in dieser Hinsicht erhebliche Fortschritte macht, größere, als er sie bisher gemacht hat.

Die Frage der finanziellen Entwicklungshilfe

Dies ist in gewisser Weise das schwierigste Beispiel. Denn es ist evident, daß unter ungünstigen Konjunkturvorzeichen die wirtschaftlichen Möglichkeiten der reichen Länder für eine direkte Entwicklungshilfe sehr abgenommen haben. Es ist vielleicht noch evidenter, daß direkte Entwicklungshilfe in den meisten entwickelten Ländern, und man mag das bedauern – ich bedaure es – politisch außerordentlich schwer durchsetzbar ist. Sicher lassen sich damit keine Wahlen gewinnen. Fast muß man vermuten, daß sich damit Wahlen verlieren lassen.

»Es ist evident, daß unter ungünstigen Konjunkturvorzeichen die wirtschaftlichen Möglichkeiten der reichen Länder für eine direkte Entwicklungshilfe sehr abgenommen haben.«

Hinzu kommt, daß die Wirkung der direkten Entwicklungshilfe außerordentlich schwer sichtbar ist. Es ist schwer nachzuweisen, wie sich eigentlich die Mittel, die auf diese Weise umverteilt werden, praktisch auswirken für eine Verbesserung der Lebenslage und der Entwicklungschancen der unterentwickelten Länder. Ich meine, daß eine offene, durch die Erfahrungen der entwickelten Welt gesättigte Haltung gegenüber diesem Problem wiederum anknüpfen sollte bei der Wirkung, bei den Möglichkeiten, einen sichtbaren Effekt zu haben.

Ich möchte in diesem Zusammenhang mit einigem Zögern und doch mit voller Überzeugung einen Gedanken in die Diskussion werfen, der nicht so universalistisch ist, wie mancher es möchte, aber dafür vielleicht realistisch. Sicherlich brauchen wir einen Überlebensfonds oder dergleichen für die ärmsten der Armen in der Welt, und sicher brauchen wir industrielle Zusammenarbeit, die gerade denen hilft. Doch mir scheint, daß eine wirksame Entwicklungshilfe, und ich meine wirksam in mancherlei Bedeutung, am ehesten ansetzen sollte bei der Hilfe für die Länder, die ich gerne »Schwellenländer« nennen möchte – threshold countries –, für die Länder nämlich, die bereits einige Schritte in Richtung auf Industrialisierung getan haben und bei denen unter Umständen eine marginale Hilfe dazu führt, daß sie bereits in absehbarer Zeit Mitglieder des Klubs der Reichen werden können.

»Ich habe den Klub der Reichen nie für etwas Böses angesehen, solange er ein offener Klub bleibt.«

Ich habe eigentlich den Klub der Reichen nie für etwas Böses angesehen, solange er ein offener Klub bleibt, das heißt, solange er nicht exklusiv ist, sondern von der Absicht getragen ist, daß am Ende alle Länder der Welt dazugehören sollen. In diesem Sinne ist die Förderung der Schwellenländer, wie ich meine, nicht nur realistisch, sondern sie ist zugleich ein Ansatz, um überhaupt Ländern, die bisher nicht in diesen Klub gehören, Hoffnung zu geben, daß es möglich ist, den Schritt nach vorne zu tun. Ich betone es noch einmal – und ich hoffe, daß keiner mir Zynismus unterstellt: wenn es nicht in zunehmendem Maße Beispiele dafür gibt, daß Länder, die in der Vergangenheit nicht zur entwickelten Welt gehört haben, tatsächlich in diese Welt hineintreten können, dann wird sich die Hoffnungslosigkeit der ärmsten der Armen auf einen großen Teil der Welt ausdehnen mit allen menschlichen, wirtschaftlichen und politischen Konsequenzen.

Die industrielle Zusammenarbeit

Hier zögere ich ganz besonders, mich zu äußern. Denn Dr. Khane trägt in seinem Beitrag (in Anknüpfung an die Konferenz vom März 1975 in Lima) die wesentlichen Gesichtspunkte vor. Sicher ist eines der Hauptprobleme – und eines, das meinem eigenen Gedankengang sehr nahe ist –, der schwierige Konflikt, daß die Entwicklungsländer ein starkes Mißtrauen gerade gegen die privatwirtschaftliche industrielle Entwicklung haben, während es andererseits doch richtig ist, daß Länder in dem Maße zur wirtschaftlichen industriellen Zusammenarbeit in der Lage sind, in dem ihre eigenen Volkswirtschaften private Elemente enthalten. Man kommt bei der Beobachtung der Realitäten nicht an der Aussage vorbei, um es umgekehrt zu formulieren: Je stärker der öffentliche Sektor in Volkswirtschaften ist, desto weniger haben diese Volkswirtschaften in der industriellen Zusammenarbeit zu geben.

Deshalb liegt ein Kernpunkt der Erörterung der industriellen Zusammenarbeit darin, wie man es möglich machen kann, trotz dieses Mißtrauens – vielleicht muß

Ein Flugzeug mit Entwicklungshelfern ist in einem Bergtal von Nepal gelandet. Die Zusammenarbeit kann beginnen.

ich sogar sagen, trotz eines wechselseitigen Mißtrauens – eine effektive industrielle Kooperation zustande zu bringen. Die Vorstellung, die die Europäische Gemeinschaft zu diesem Thema entwickelt hat, führt mit einer Fülle von Einzelvorschlägen sehr weit. Bei der sogenannten Dreiecks-Kooperation kommen die Technologie und die Managementkenntnisse der OECD-Länder, die Finanzierung dessen, was man zum Unterschied von der Vierten Welt heute manchmal Dritte Welt nennt, sowie die Rohstoffe und Arbeitskräfte der Vierten Welt zusammen.

»Ein Kernpunkt der Erörterung der industriellen Zusammenarbeit liegt darin, wie man es möglich machen kann, trotz des Mißtrauens eine effektive industrielle Kooperation zustande zu bringen.«

Ich bin völlig der Meinung, daß ein ganz entscheidendes Element bei dieser Zusammenarbeit in der Information besteht. Wenn die UNIDO die Aufgabe übernimmt, hier als Informations-Drehscheibe zu wirken, so ist das eine große und wichtige Leistung einer Organisation der Vereinten Nationen. Es bleibt erforderlich, das Aufnahmeklima für industrielle Zusammenarbeit in den Entwicklungsländern zu verbessern, und es bleibt erforderlich, den Schutz von Investitionen in diesen Ländern zu verstärken. Das eine ist eine Forderung an die Empfängerländer, das andere eine Forderung an die Länder, die diese industrielle Zusammenarbeit als Teil von Fortschritten in der Weltwirtschaftsordnung wollen.

Das Problem der institutionellen Teilnahme

Dies ist ein symbolisches Thema und doch – man erinnere sich nur an die Geschichte der inneren Konflikte entwickelter Gesellschaften – ein Thema von erheblicher Bedeutung. Auch hier hat es schon Veränderungen gegeben. Aus der 10er Gruppe im *Internationalen Währungsfonds* ist eine 20er Gruppe geworden. Die Stimmrechte im Internationalen Währungsfonds stehen zur Diskussion. Im *GATT* gibt es ohnehin eine Fülle von Mitgliedern aus allen Teilen der Welt. Ich meine dennoch, daß wir uns bisher nicht genug Gedanken gemacht haben über die Formen der institutionellen Teilnahme aller Länder der Welt an jenen Organisationen, die sich mit den Rahmenbedingungen der Weltwirtschaft befassen.

Es gibt eine Kommission von Amerikanern, Japanern und Europäern, die sogenannte Trilaterale Kommission, die seit einigen Jahren gerade diese Themen zu ihrem Gegenstand macht. Ich entnehme einem der Berichte der Trilateralen Kommission unter dem Titel »A Turning Point in North-South Economic Relations« einen Absatz über institutionelle Teilnahme, den ich für außerordentlich eindringlich halte:

»It is no secret, that the existing institutional system is a subject of widespread criticism from both developed and developing countries. Questions have been raised about the politicalization of economic discussions, about methods of creating, changing, interpreting and enforcing the rules, about the efficiency and impartiality of the international civil service and about the difficulty of coordinating the growing number of functional and regional structures. Perhaps most important of all, there is a growing dissatisfaction with voting and decision-making arrangements. It is already clear to us that the developing countries and particularly the oil producing countries should have more voting rights and a greater role in the management of the International Monetary Fund and the World Bank Group. At the same time, some procedural reforms are needed in those forums such as the General Assembly UNCTAD and GATT where the one nation one vote principle fails to reflect fairly the balance of economic interest and power. Differential voting rights may be difficult to negotiate, but resort can also be had to special ma-

jority requirements, committees with selective representation and conciliation procedures using impartial and expert third parties. Obviously institutional changes cannot be a substitute for political will, but such reforms could help promote a sense of confidence in the objectivity and effectiveness of international institutions that is presently lacking.«

Die These, die hinter diesen Äußerungen steckt, ist präzis. Es ist die These, die ich vertreten würde im Lichte der Grundannahme, die ich mache; die Forderungen der Entwicklungsländer sind berechtigt, die Methoden, die gefunden werden, um sie zu befriedigen, müssen die Erfahrungen in Rechnung stellen, die die entwickelten Länder gemacht haben.

In allen Bereichen – und die fünf Beispiele sind wirklich nur Beispiele – gilt dieselbe These: Thema und Ziel einer neuen Weltwirtschaftsordnung sind legitim, sind also nicht nur erforderlich wegen neuer Machtverhältnisse, sondern sind auch anzuerkennen als legitim im Lichte der These, daß ein Vorsprung kein Vorrecht schafft. Die Methode zur Einlösung der Versprechen, Erwartungen und Forderungen sollte aber unsere Erfahrungen und, wenn ich so sagen darf, die liberalen Erfahrungen so stark wie möglich berücksichtigen. Das wird nur gehen, wenn es in den OECD-Ländern nicht etwa eine grundsätzlich defensive oder gar ablehnende Haltung gegenüber den Forderungen gibt. Die neue Weltwirtschaftsordnung ist sicher eine Vision, sicher ein Ideal, ein Ideal einer neuen Grundlage der weltweiten Kooperation. Sie ist zunächst einmal aber ein Wagnis, eine Frage des Aushandelns von angemessenen Lösungen. Und dafür gilt, was man über Verträge und Abmachungen zwischen Menschen und Gruppen gesagt hat: daß dies ein Prozeß sein kann und sein muß, bei dem alle Seiten gewinnen können, ein Positiv-Summenspiel und kein Null-Summenspiel.

Abd-el Rahman Khane

Die Weltpolitik hat sich geändert

Dr. Abd-el Rahman Khane, Executive Director of UNIDO and formerly Secretary-General of OPEC

(Foto: Patrick Goebelen)

Nach Meinung des ehemaligen OPEC-Generalsekretärs und jetzigen Exekutiv-Direktors der UNIDO (United Nations Industrial Development Organization) wird es zwischen den westlichen Industrienationen und den Entwicklungsländern zu leidenschaftlichen Auseinandersetzungen kommen. Es wird Uneinigkeit und Verzögerungsmanöver geben. Doch wenn jedermann die Einsicht hat, daß eine neue Weltwirtschaftsordnung eine unausweichliche Notwendigkeit ist, so sind Hoffnungen auf eine friedliche Entwicklung erlaubt. Die sechste Sonderversammlung der Generalversammlung der UNO und die anschließende Konferenz über Industrialisierung in Lima (1975) sind historische Daten. An der Konferenz von Lima wurde beschlossen, daß die Industrieproduktion der Dritten Welt bis im Jahre 2000 25 Prozent der Weltproduktion betragen soll. Dabei muß man sich vor Augen halten, daß 1973 der Anteil sieben Prozent betragen hat. Dies heißt, daß die Industrieländer implizit einer Umverteilung der Ressourcen zugestimmt haben, die es erlauben soll, zunächst die elementarsten Bedürfnisse einer zahlreichen und mittellosen Bevölkerung zu befriedigen. Eine wichtige Etappe zur Erreichung dieses Ziels stellt der Beschluß dar, die UNIDO zu einem Forum zu entwickeln, wo die Entwicklungsländer sich konsultieren und diese Entwicklung absprechen sollten.

Bevor ich mit meinen Darlegungen beginne, möchte ich den Leser davor warnen, in ihnen einfach die Stimme der Dritten Welt oder *nur* die Stimme der Dritten Welt zu sehen. Was mich betrifft, versuche ich, diese Probleme in einer weltumspannenden Sicht anzugehen, die mehr oder weniger mit dem übereinstimmt, was der *Club of Rome* und das Umwelt-Programm der *Vereinigten Nationen* popularisiert haben.

Darüber hinaus möchte ich in Erinnerung rufen, daß die *Neue Internationale Wirtschaftsordnung,* die jetzt sowohl auf Regierungsebene als auch in den Wirtschaftskreisen der Industrieländer stets mehr Anhänger gewinnt, ursprünglich von der Dritten Welt gefordert worden ist. Und der Begriff einer neuen Wirtschaftsordnung, die gerechter und ausgewogener sein soll, impliziert natürlich, daß es eine alte Ordnung gibt, die ungerecht ist. Angesichts von so viel Logik wird man sich allerdings bewußt bleiben, daß es vielen Leuten erheblich leichter fallen wird, das Problem der »neuen Wirtschaftsordnung« aufzugreifen, ohne daß sie damit unbedingt anzuerkennen brauchen, daß die bestehende Ordnung besondere Mißbilligung verdient.

New International Economic Order

Vom 9. April bis 2. Mai 1974 fand in New York die 6. Sondersession der UN-Vollversammlung über die Probleme der Rohstoffe und der Entwicklung statt. Diese Konferenz fand auf Initiative des algerischen Präsidenten Houari Boumedienne statt. Die Vollversammlung verabschiedete am 2. Mai zwei Resolutionen ohne Abstimmung, die in hohem Maße den Wünschen und Vorschlägen der Länder der Dritten Welt entsprachen.

Dieses Aktionsprogramm hat folgende Präambel: »In Anbetracht des andauernden ernstlichen wirtschaftlichen Ungleichgewichts bei den Beziehungen zwischen entwickelten und Entwicklungsländern und im Zusammenhang mit der ständigen und andauernden Verschlechterung des Ungleichgewichts der Wirtschaften der Entwicklungsländer und der daraus folgenden Erfordernisse einer Linderung ihrer laufenden wirtschaftlichen Schwierigkeiten, ist es erforderlich, dringende und wirksame Maßnahmen durch die internationale Gemeinschaft zu ergreifen, um den Entwicklungsländern beizustehen, wobei man besondere Aufmerksamkeit jenen Entwicklungsländern widmen soll, die am wenigsten entwickelt sind, die Binnenländer oder Inseln sind und die am stärksten durch die Wirtschaftskrisen und Naturkatastrophen betroffen sind, die zu einer ernstlichen Verzögerung des Entwicklungsvorgangs führen. In der Absicht, die Anwendung der Deklaration über die Errichtung einer neuen internationalen wirtschaftlichen Ordnung sicherzustellen, wird es notwendig sein, innerhalb eines spezifizierten Zeitraums ein Aktionsprogramm noch nicht dagewesenen Umfangs anzunehmen und durchzuführen und ein Maximum an wirtschaftlicher Zusammenarbeit und des Verständnisses zwischen allen Staaten herbeizuführen, insbesondere zwischen den entwickelten und den Entwicklungsländern, basierend auf den Grundsätzen der Würde und souveränen Gleichheit.«

Allerdings kann die psychologische Haltung, die im allgemeinen gegenüber der historischen Entwicklung der bestehenden Ordnung eingenommen wird, einen sehr spürbaren Einfluß haben auf die Schnelligkeit, mit der man sich daranmachen wird, den *geforderten Wandel* zu begünstigen. Andererseits wären die Länder der Dritten Welt Opfer einer großen Illusion, wenn sie glaubten, das System der internationalen Wirtschaftsbeziehungen würde sich ändern, weil sich die moralische Einstellung geändert hat.

Die »neue internationale Wirtschaftsordnung« wird also wie bisher das Produkt verschiedener Kräfte und komplexerer Wirkungen und Rückwirkungen sein. Mit andern Worten: Wenn auf der Ebene dieser Kräfte noch nichts Neues und Ausschlaggebendes eingetreten wäre, so dürfte man heute jede Wette abschließen, daß niemand auch nur von der neuen Wirtschaftsordnung sprechen würde.

Man mag dies beklagen oder nicht, aber diese Beobachtung hängt ausschließlich von dem ab, was man als *Realismus* bezeichnen darf. Da die Industrieunternehmer sich traditionellerweise, wenn nicht gar definitionsgemäß als Realisten verstehen, scheint es, daß es vernünftige Chancen dafür gibt, daß eine harmonische und friedliche Entwicklung der internationalen Wirtschaftsbeziehungen weitherum auf Zustimmung stoßen wird.

Die Entstehung zahlreicher Nationen und ihr Auftreten auf der internationalen Bühne hat die Welt ihrer Einheit und der gegenseitigen Abhängigkeit ihrer Glieder bewußter gemacht. Wichtige Probleme, wie die der Ausbeutung der natürlichen Ressourcen, ihrer Bewirtschaftung und Kontrolle, aber auch die Probleme der Ernährung, des Wassers, der Umweltverschmutzung, der Verstädterung und viele andere nehmen von selbst universellen und weltumspannenden Charakter an.

Entwicklung zu einer planetarischen Lösung

In dieser Hinsicht wird wohl den Historikern die *sechste Sondersitzung* der *Generalversammlung der Vereinten Nationen* als erster Versuch der internationalen Gemeinschaft erscheinen, diese globale, den ganzen Planeten umfassende Lösung der die Welt bedrängenden sozialen und wirtschaftlichen Probeme zu proben. Indem die Völkergemeinschaft dies getan hat, hat sie sich Rechenschaft davon gegeben, daß es wünschenswert wäre,

---

»In dieser Hinsicht wird wohl den Historikern die sechste Sondersitzung der Generalversammlung der Vereinten Nationen als erster Versuch der internationalen Gemeinschaft erscheinen, diese globale, den ganzen Planeten umfassende Lösung sozialer und wirtschaftlicher Probleme zu proben.«

---

nach und nach die Fehler des Systems zu korrigieren, mit dem wir bis jetzt gelebt haben und noch immer leben.

Infolgedessen hat sie sich selbst dazu aufgerufen, die nötigen Anstrengungen zu unternehmen, um die Entwicklung großer Teile der Menschheit zu fördern, die im wesentlichen die Opfer der bestehenden Ordnungen waren. Unter den vorgeschlagenen Methoden zog die *Industrialisierung* der Dritten Welt besondere Aufmerksamkeit auf sich, da es sich hier um einen Faktor handelt, der diese Entwicklung entscheidend fördern kann. Zu diesem Zweck wurde empfohlen:

- Die entwickelten Länder sollten die Forderungen der Entwicklungsländer nach Finanzierung ihrer Industrieprojekte in günstigem Sinn beantworten, sowohl was die direkte als auch was die über internationale Finanzinstitutionen geleistete Wirtschaftshilfe angeht.
- Die Industrieländer sollten ihre Unternehmer dazu anhalten, die Industrieprojekte in den Entwicklungsländern im Einklang mit den Gesetzen und Reglementen der letzteren zu finanzieren.
- Die Industrieländer und die Organisationen der Vereinten Nationen sollten zusammenarbeiten, um eine neue internationale Wirtschaftsstruktur zu fördern, die den Anteil der Entwicklungsländer an der Weltindustrieproduktion vergrößert.
- Es sind neue Industriekapazitäten in der Dritten Welt zu schaffen, besonders auf dem Gebiet der Verarbeitung der Rohmaterialien und der Grundstoffe, die bevorzugt in den Herkunftsländern stattfinden sollte.
- Die Produktion der so in den Entwicklungsländern neugeschaffenen Industrien ist teilweise zu exportieren.
- Die technischen Hilfsprogramme zur Berufsausbildung und zur Kaderschulung in den Entwicklungsländern müssen fortgesetzt und mit Unterstützung der Industrieländer sowie der internationalen Organisationen intensiviert werden.

Die Forderungen der Dritten Welt

Die VII. Sondersession der UN-Vollversammlung über Entwicklung und internationale wirtschaftliche Zusammenarbeit fand vom 1. bis 16. September 1975 in New York statt.

Der Tagung lag ein vom 18. August datiertes Positionspapier der sogenannten Gruppe der 77 (Entwicklungsländer), die sich mittlerweile auf mehr als 100 vermehrt hat, vor, das als Basis für die Konsultationen dienen sollte und laut Dokument der UN folgenden wesentlichen Inhalt hat:

I. INTERNATIONALER HANDEL:

● *Regelung der Rohstoff- und Warenmärkte für ein integriertes Herangehen, so daß die Entwicklungsländer in die Lage versetzt werden, einen höheren realen und proportionelleren Anteil an dem Endkonsumentenpreis für ihre Rohstoffe zu erhalten. Ein solches Programm sollte umfassen:*

Die Schaffung internationaler Vorräte und von Vorkehrungen für eine Marktintervention, um die Preise für Rohstoffe, die ein Exportinteresse für Entwicklungsländer haben, auf einem lohnenden Niveau zu halten.

Ein spezieller internationaler Fonds für die Finanzierung der Vorräte und der Vorkehrungen zur Marktintervention für Importe und Exporte ist zu entwickeln, um ein rationelles Wachstum des globalen Handels unter Bedingungen der Stabilität zu gewährleisten.

Die Fazilitäten für eine kompensatorische Finanzierung der Erlösfluktuationen aus Exporten sollen durch eine Ausweitung und Vergrößerung wesentlich verbessert werden.

Die Diversifizierung der Exporte der Entwicklungsländer soll gefördert werden. Der Anteil der Entwicklungsländer am Transport der Vermarktung und Verteilung ihrer Rohstoffe soll erhöht werden.

● *Indexierung der Preise für Rohstoffexporte aus Entwicklungsländern in bezug auf die Preise ihrer Importe aus den entwickelten Ländern.*

● *Zugang zu den Märkten der entwickelten Länder für Rohstoffe, Fertigwaren und Halbfertigwaren der Entwicklungsländer.*

II. TRANSFER REALER RESSOURCEN ZUR FINANZIERUNG DER ENTWICKLUNG VON ENTWICKLUNGSLÄNDERN UND DIE INTERNATIONALE WÄHRUNGSREFORM:

● *Zum Thema des Transfers realer Ressourcen wird insbesondere die Verpflichtung der entwickelten Länder vorgesehen, den Entwicklungsländern noch vor Ende dieses Jahrzehnts Mittel im Ausmaß von 1 % ihres jährlichen Bruttosozialprodukts zukommen zu lassen.*

● *In bezug auf die Reform des internationalen Währungssystems wird verlangt, daß diese den Erfordernissen der Entwicklungsländer entsprechen soll. Nationale Reservewährungen sollten schrittweise verschwinden und durch die Schaffung wahrhaft internationaler Währungen, wie die SZR, ersetzt werden, so daß kein Land die internationale Währungslage durch den Export seiner Defizite oder irgendwelche Währungsmaßnahmen beeinträchtigen kann, die aufgrund einer Notwendigkeit im Inland getroffen werden. Alle Maßnahmen in bezug auf Gold sollten konform mit diesem Grundsatz und mit dem Grundsatz einer international zu schaffenden Liquidität und der Vermehrung der Liquidität der Entwicklungsländer sein. In der Zwischenzeit sollten Maßnahmen getroffen werden, um den realen Wert der Währungsreserven der Entwicklungsländer zu bewahren. Die gegenwärtige Repräsentation der Entwicklungsländer in den Entscheidungen treffenden Organen der Weltbank und des IMF sollte wesentlich verbessert und die breite geographische Repräsentation der Entwicklungsländer sollte nicht zum Nachteil geändert werden. Die Finanzierungsfazilitäten des IMF sollten liberalisiert werden, so daß sie auch Dienstleistungen einschließen, und ge-*

währleisten, daß Entschädigungen für Exportverluste womöglich schon im voraus geleistet werden, wobei auch Änderungen der Importpreise berücksichtigt werden, und der Rückzahlungstermin gestreckt wird.

III. WISSENSCHAFT UND TECHNOLOGIE: *Die entwickelten Länder sollten mit den Entwicklungsländern bei der Errichtung, Stärkung und Entwicklung ihrer wissenschaftlichen und technologischen Infrastruktur zusammenarbeiten und andere angemessene Maßnahmen treffen, wie die Errichtung einer industriellen, technologischen Investitionsbank.*

IV. INDUSTRIALISIERUNG: *Alle Regierungen sollten individuell oder kollektiv die notwendigen Maßnahmen treffen und Beschlüsse fassen, die erforderlich sind, um die Deklaration und den Aktionsplan von Lima über die industrielle Entwicklungszusammenarbeit wirksam zu erfüllen. Ein Konsultationssystem soll innerhalb der UNIDO und anderer entsprechender internationaler Körperschaften zwischen entwickelten und Entwicklungsländern geschaffen werden, um die Industrialisierungsziele leichter zu verwirklichen, einschließlich der Verlegung gewisser Produktionskapazitäten aus den entwickelten Ländern in die Entwicklungsländer. Besondere Aufmerksamkeit soll den am wenigsten entwickelten Binnen- und Insel-Entwicklungsländern gewährt werden.*

V. NAHRUNGSMITTEL UND LANDWIRTSCHAFT: *Die Lösung der Welternährungsprobleme liegt in erster Linie in einer rapiden Vermehrung der Nahrungsmittelproduktion in Entwicklungsländern. Zu diesem Zweck müssen dringende und nötige Änderungen in der Struktur der Weltnahrungsmittelproduktion und des Handels erfolgen. Die entwickelten Länder sollten das Ausmaß der Hilfe an Entwicklungsländer bei der landwirtschaftlichen und Nahrungsmittelproduktion wesentlich vermehren und ihnen den Zugang von Agrarprodukten zu ihren Märkten wirksam erleichtern. Die entwickelten Länder sollten den Grundsatz eines Mindesthilfeziels von 10 Mill. t Getreide für das Jahr 1975/76 und das Konzept einer Vorausplanung der Nahrungsmittelhilfe auf 3-Jahrebasis akzeptieren. Die entwickelten Länder sollten den Schenkungsanteil an der Nahrungsmittelhilfe erhöhen und hierbei die Interessen der Nahrungsmittel exportierenden Entwicklungsländer voll berücksichtigen. Es sollte auch sichergestellt werden, daß die Hilfe in Form von Käufen aus den Nahrungsmittel exportierenden Entwicklungsländern erfolgt. Die Hilfe leistenden Länder sollten durch bilaterale und multilaterale Kanäle zu günstigen Bedingungen Hilfe leisten, damit die am meisten betroffenen Länder in die Lage versetzt werden, während 1975/76 1 Mill. t Pflanzennahrungsmittel zu erhalten. Die entwickelten Länder sollten eine Preispolitik betreiben, die eine angemessene und regelmäßige Belieferung der Entwicklungsländer mit Düngemitteln und anderen Energie steigernden Mitteln zu einem vernünftigen Preis gewährleistet; sie sollten auch Investitionshilfe leisten, um die Produktionswirksamkeit der Dünge- und Agrarindustrien in den Entwicklungsländern zu erhöhen. Die entwickelten Länder und jene Entwicklungsländer, die dazu in der Lage sind (OPEC-Länder), sollen zu dem Internationalen Fonds für landwirtschaftliche Entwicklung kräftig beitragen, so daß das*

Ziel von 1 Mrd. SZR möglichst bald erreicht wird. Alle Länder sollten Getreidereserven schaffen und beibehalten, um Produktionsausfälle wettzumachen. Entwickelte und jene Entwicklungsländer, die dazu in der Lage sind, sollten dafür Sorge tragen, daß Vorräte im Ausmaß von 500 000 t Getreide als internationale Notreserve für Krisen gebildet werden.

VI. UMSTRUKTURIERUNG DER WIRTSCHAFTLICHEN UND SOZIALEN SEKTOREN DES UN-SYSTEMS:

Diese Umstrukturierung des Systems soll erfolgen, um es in die Lage zu versetzen, sich in geeigneter Weise den Erfordernissen der Schaffung einer neuen internationalen Wirtschaftsordnung anzupassen. Zu diesem Zweck soll ein zwischenstaatliches Komitee von der UN-Vollversammlung gebildet werden.

Der entscheidende Schritt: Die Konferenz von Lima (1975)

Die Konferenz über die Industrialisierung, die im März 1975 in *Lima* stattfand, stellt auf dem Gebiet der Industrie eine sehr wichtige Fortsetzung der sechsten Sondersitzung der Generalversammlung der Vereinten Nationen dar. An dieser Konferenz kam zum ersten Mal ein breitangelegter, ernsthafter und wichtiger *Dialog* zwischen Industrie- und Entwicklungsländern zustande. Ernsthaft war er insofern, als man ihn nach dem Geist beurteilt, der dort herrschte, breitangelegt deshalb, wenn man die Zahl der Teilnehmer berücksichtigt, und wichtig, wenn man an die konkreten Maßnahmen denkt, die sich daraus ergaben.

Die Konferenz begann in einem Klima der bevorstehenden *Konfrontation.* Der Konferenzsaal verwandelte sich rasch in ein Tribunal, wo die oft schwierigen Debatten sich schließlich dank der Anstrengungen aller Beteiligten als fruchtbar erwiesen. Bei den in Lima getroffenen Entscheidungen scheinen mir zwei von wirklicher und unmittelbarer Tragweite zu sein.

»Die Industrieproduktion der Entwicklungswelt im Jahre 2000 sollte mindestens 25 Prozent der Weltproduktion betragen.«

Die erste von ihnen betrifft das Abkommen, das die Industrieproduktion festlegt, die die Entwicklungsländer im Jahre 2000 erreichen sollten: sie sollte mindestens 25 Prozent der Weltproduktion betragen. Man muß daran erinnern, daß dieser Anteil 1973 ungefähr 7 Prozent betrug.

Die zweite ist die Empfehlung, wonach die *UNIDO* zum Forum gemacht werden sollte, wo die Industrie-

und die Entwicklungsländer sich konsultieren und die Maßnahmen absprechen sollten, die zur Erreichung des genannten Ziels führen sollten. (Ich werde darauf unten nochmals zurückkommen.) Die Empfehlungen der Konferenz von Lima sind von der siebenten Sitzung der Generalversammlung der Vereinten Nationen einstimmig bekräftigt worden.

Die Konferenz der UNIDO in Lima (1975)

Vom 12. bis 26. März fand die 2. Generalkonferenz der UN Industrial Development Organization in Lima laut Pressedienst der UNIDO statt. Mit 82 gegen 1 Stimme (USA) bei 7 Enthaltungen (Canada, BRD, Großbritannien, Italien, Belgien, Japan, Israel) wurden eine Deklaration und ein Aktionsplan für industrielle Entwicklung und Zusammenarbeit angenommen.

In der Deklaration wird unter anderem festgestellt, daß der Anteil der Entwicklungsländer an der gesamten Industrieproduktion der Welt bis zum Jahre 2000 so stark wie möglich, mindestens aber auf 25 % (derzeit 7 %) erhöht werden soll, wobei jede Anstrengung unternommen werden soll, um zu gewährleisten, daß das industrielle Wachstum zwischen den Entwicklungsländern möglichst gleichmäßig verteilt wird. Das bedeutet, daß die Entwicklungsländer ihr industrielles Wachstum um eine erheblich höhere Rate als 8 % vermehren müßten, wie dies in der internationalen Entwicklungsstrategie für das zweite UN-Entwicklungsjahrzehnt vorgesehen ist. Die Zusammenarbeit zwischen Entwicklungs- und entwickelten Ländern sollte in Konsultationen bestehen, die über die Entwicklung von Angebot und Nachfrage, über Produktionsfaktoren und Produktionskosten, über die Möglichkeiten und Bedingungen für Investitionen, über die zur Verfügungstellung von Ausrüstung und Technologie in der Absicht geführt werden, die Ausweitung und Modernisierung bestehender Produktionskapazitäten in Entwicklungsländern und die Schaffung neuer industrieller Einrichtungen zu erleichtern. Diese Konsultationen werden sich insbesondere auf Industrien beziehen, die Rohstoffe verarbeiten, die von den Entwicklungsländern exportiert werden, oder die große Mengen von Energie verbrauchen. Die UNIDO sollte ein System ständiger Konsultationen auf globaler, regionaler und sektoraler Ebene organisieren, und bereit sein, als ein Forum für Verhandlungen über industrielle Abkommen zu dienen, die zwischen entwickelten und Entwicklungsländern untereinander abgeschlossen werden. Folgende Industriezweige werden als besonders wichtig bezeichnet: agrarisch basierte oder mit der Landwirtschaft verbundene Industrien und Grundindustrien wie Stahl, Chemikalien, Petrochemie und Maschinenbau. Angemessene Maßnahmen, einschließlich der Erwägung der Errichtung einer industriellen und technologischen Informationsbank sollten getroffen werden, um einen größeren Fluß von Informationen in die Entwicklungsländer zu gewährleisten.

Indem der Anteil der Entwicklungsländer an der Weltindustrieproduktion im Jahre 2000 auf 25 Prozent festgesetzt wurde, wurde im Hinblick auf die internationale Solidarität und die Globalität der Probleme ein neuer Schritt zurückgelegt. Die Industrialisierung der Dritten Welt wurde nicht mehr nur als isolierte Erscheinung betrachtet, etwa wie ein Unternehmen, das den entwickelten Ländern fremd ist. Die einfache Tatsache, daß 25 Prozent einen Verhältniswert darstellen, macht diesen zum Gegenstand gemeinsamen Interesses und der gegenseitigen Verständigung innerhalb der internationalen Gemeinschaft.

Dagegen wird die Bedeutung des Ereignisses sicher für die beteiligten Parteien recht verschieden sein. Für die Entwicklungsländer bedeutet es das *Versprechen der Umverteilung der Ressourcen,* die zunächst die elementaren Bedürfnisse ihrer zahlreichen und mittellosen Bevölkerung befriedigen sollen. Sie bedeutet die Möglichkeit einer Verminderung der Ungleichheiten zwischen den Nationen und im Innern der Länder und die Aussicht auf eine neue Befreiung. Es wäre die wirtschaftliche Befreiung, die die gegenseitige Abhängigkeit der Nationen auf eine ausgewogenere Ebene hebt und ihnen den Weg öffnet zu einer Teilnahme an den internationalen Entscheidungen, die sie betreffen. Schließlich kommt es durch den Zugang zur modernen Technik zu einer Hebung des Bewußtseinsniveaus der Produktivkräfte der Völker der Dritten Welt.

Chance und Herausforderung zugleich

Für die Industrieländer stellt die Errichtung einer »Neuen Internationalen Wirtschaftsordnung« zugleich eine *Herausforderung* und eine *Chance* dar. Zunächst eine Herausforderung: denn es handelt sich darum, die geistigen, moralischen und materiellen Ressourcen in ausreichender Menge zu finden und zu mobilisieren, um sowohl die neuen Strukturen als auch die gesellschaftlichen und wirtschaftlichen Mechanismen zu erfinden, die ihnen gestatten, sich an so neuartige Umstände anzupassen.

»Für die Industrieländer stellt die Errichtung einer ›Neuen Internationalen Wirtschaftsordnung‹ zugleich eine Herausforderung und eine Chance dar.«

Andererseits stellt diese neue Wirtschaftsordnung eine Chance dar, weil die Aussicht auf eine Bereicherung der Dritten Welt, insbesondere durch die Industrialisierung, unmittelbar Gelegenheit zu industrieller und kommerzieller Tätigkeit in der Dritten Welt bietet und darüber hinaus eine unerhörte Expansion der internationalen Beziehungen voraussehen läßt. Wenn es zutrifft, daß der Handel mit armen Partnern nicht viel einbringt, so besteht das sicherste Mittel zur Verbesserung der Handelschancen darin, den Wohlstand des Partners zu fördern.

Das ist ganz allgemein ausgedrückt, aber es scheint mir eine ausreichende Grundlage zu bieten, auf der sich eine – im übrigen notwendige – Zusammenarbeit im Dienste eines gemeinsamen Interesses organisieren läßt. Doch wie schon eingangs bemerkt: es wird viel von der *Schnelligkeit* und der *Aufrichtigkeit* abhängen, mit der die Regierungen und die Unternehmen der Industrieländer den vor sich gehenden Wandel der Umstände begreifen und akzeptieren.

»Es wird viel von der Schnelligkeit und der Aufrichtigkeit abhängen, mit der die Regierungen und die Unternehmen der Industrieländer den vor sich gehenden Wandel der Umstände begreifen und akzeptieren.«

Ich möchte auch noch unterstreichen, wie schwierig es ist, diese Umgestaltung der Beziehungen in Angriff zu nehmen und zu gutem Ende zu führen: ihre Subtilität und Komplexität wird sich in der beiderseitigen Haltung widerspiegeln. Der Empfindlichkeit der Völker der Dritten Welt muß zum Beispiel gebührende Beachtung geschenkt werden; ihr Durst nach Wiederherstellung ihrer Würde wird gestillt werden müssen.

Die am meisten verschuldeten Länder der Welt

Schuldendienstzahlungen auf öffentliche Auslandsschulden als Prozentsatz der Ausfuhren von Gütern und Dienstleistungen[1]), 1967 – 1973, in Milliarden Dollar.

Land	1967	1969	1971	1973
Ägypten, Arab. Republik	19,5	24,5	19,4	34,6
Peru	11,1	12,0	20,0	32,5
Uruguay	17,0	18,5	22,2	30,1
Sambia	2,4	1,9	10,0	28,0
Mexiko	23,8	23,3	24,1	25,2
Israel	15,7	17,2	13,4	20,8
Indien	24,9	26,5	25,9	20,1
Afghanistan	12,6	19,3	19,2	19,9
Burma	6,4	21,0	14,2	18,6
Argentien	25,9	24,1	19,5	18,3

[1]) *Einschließlich aller Güter und Dienstleistungen. Angaben für einige Länder sind teilweise geschätzt worden.*

In diesem Zusammenhang wirkt es zunächst verwirrend, wenn man feststellt, daß die Entwicklungsländer einerseits zur Zusammenarbeit auffordern, andererseits aber nicht aufhören, ein großes Mißtrauen gegenüber den Industrieländern und der von ihnen erhofften Technik an den Tag zu legen. Doch ist der Realismus einer solchen Einstellung bemerkenswert für jeden, der sehen will. Diese *proletarischen Nationen* haben erst kürzlich begriffen, welch harter Ausbeutung sie so lange Zeit ausgesetzt waren.

Man könnte ihre Haltung mit einem Vergleich kennzeichnen: der *Arbeitskampf* hat den Gewerkschaften in den Industrieländern noch nicht gestattet, ihr Mißtrauen gegenüber den Unternehmern aufzugeben, auch dann nicht, wenn der Staat der Arbeitgeber ist.

Ohne globale Zielsetzungen geht es nicht

Das Streben nach Technik und die Zurückhaltung ihr gegenüber schließen sich meines Erachtens nicht aus. Diese Haltung spiegelt nur den Wunsch wider, das Werkzeug zu besitzen, um nicht sein Sklave zu werden. Man muß wohl zugeben, daß die Möglichkeit einer Verknechtung durch die Technik durchaus besteht. Der potentielle Herr bleibt dabei die alte Kolonialmacht, die sich auf die zwingende und noch immer nicht ganz verstandene Macht der Maschine und auf den mehr oder minder als Hexenmeister erscheinenden Ingenieur stützt.

»Man muß wohl zugeben, daß die Möglichkeit einer Verknechtung durch die Technik durchaus besteht.«

Auf der andern Seite, bei den Industrieländern, ist die Gangart auch nicht sicherer. Das Angebot der Zusammenarbeit ist noch stets in den alten Rahmen gepreßt, wo alles ausschließlich im Sinne des *Profits* berechnet wird. Das ist leider eine Wirklichkeit, die nicht immer durch Freundschaftsbeteuerungen und Großzügigkeit übertüncht werden kann. Gewiß sind viele neue Berechnungsmethoden keine Neuentdeckungen. Man kann keine weniger realistischen Methoden erwarten.

Es ist jedoch ermutigend zu sehen, daß es einige Erfolge gegeben hat, wo die *neue Haltung* die Freundschaft nicht ausschloß. Im Gegenteil, an die Stelle des traditionellen Mißtrauens trat rasch gegenseitiges Vertrauen. Nicht weniger ermutigend ist die Tatsache, daß man begonnen hat, bei allen möglichen Veranstaltungen von der neuen Wirtschaftsordnung, ihrer Notwendigkeit und ihren Voraussetzungen zu sprechen. Das bietet Gewähr dafür, daß der Dialog nicht unterbrochen ist.

Was die Maßnahmen betrifft, die notwendig sind, um die neue internationale Wirtschaftsordnung einzuführen, sind in diesem Anfangsstadium Techniken vorgeschlagen worden, die zum Ziele haben, die Grundsätze und Praktiken auszuschalten, die ausschließlich dem Profit gewisser Gruppen – im Klartext: der Industrienationen – dienen sollen, und sie durch Grundsätze und Praktiken zu ersetzen, die aus globalen Zielsetzungen abgeleitet sind, wie sie durch die neue Wirtschaftsordnung umschrieben werden.

So schlägt beispielsweise das Projekt *Rio,* das von Professor *Tinbergen* für den *Club of Rome* koordiniert wurde, internationale Konsultationen und multilaterale Handelsverträge vor, um die Verpflichtung der Völkergemeinschaft zu gewährleisten, bestimmte Aspekte der landwirtschaftlichen und industriellen Produktion, des internationalen Handels und der Entwicklung ganz allgemein zu überwachen und zu lenken. Ich bin überzeugt, daß in naher Zukunft andere praktische Vorschläge diesen Ansatz zu einem Katalog bereichern und verfeinern werden.

Eine neue Vision der Gerechtigkeit

Ich komme nun zur zweiten wichtigen Entscheidung der Konferenz von Lima, nämlich der Umwandlung der UNIDO in ein Forum für internationale Konsultationen und Verhandlungen im Bereich der Industrie. Das Sekretariat der UNIDO arbeitet in diesem Augenblick ein Konsultations- und Verhandlungssystem aus, das der Rat für industrielle Entwicklung (eine Art Verwaltungsrat unserer Organisation) bei seiner nächsten Sitzung prüfen und – wie ich hoffe – gutheißen wird. (Dieser Text wurde im Januar 1975 verfaßt, die Redaktion.)

Es ist geplant, daß die folgenden Themen Verhandlungsgegenstände im Rahmen dieses Systems werden könnten:

Organisation neuer industrieller Beziehungen zwischen Industrie- und Entwicklungsländern auf dem Gebiet der Investition, der Kontrolle, der Vermarktung der Fabrikate usw.

Anpassung und Transfer der Technologien

Umverteilung gewisser industrieller Kapazitäten zum Zweck der Umgestaltung der Industriegeographie der Welt

rationelle Verwaltung von Ressourcen und deren Verarbeitung am Ort ihres Vorkommens

Da die Industrialisierung nur einen Aspekt der Entwicklung darstellt, allerdings einen sehr wichtigen, ist es klar, daß die neue Wirtschaftsordnung andere, ebenso allgemeine und bedeutende Probleme in Angriff nehmen und lösen muß, wie

- die Inflation
- die Stabilisierung des internationalen Währungssystems
- den Rohstoffhandel
- das biologische Gleichgewicht der Planeten
- die Verwaltung der Bodenschätze auf dem Grund der Meere
- die Nutzung des außerirdischen Weltraums

Es versteht sich von selbst, daß die Lösung so zahlreicher, in ihren technischen Aspekten so komplexer und in ihren Voraussetzungen so fundamentaler Probleme nicht leicht fallen wird. Man muß sich auch – ohne deswegen auf die verfolgten Ziele zu verzichten – damit abfinden, daß die sich ergebenden *Auseinandersetzungen* leidenschaftlich geführt werden, daß es Verzögerungsmanöver und Uneinigkeit geben wird, mit einem Wort, daß die Begegnungen nicht immer für jedermann leicht und angenehm sein werden.

»Man muß sich damit abfinden, daß die sich ergebenden Auseinandersetzungen leidenschaftlich geführt werden, daß es Verzögerungsmanöver und Uneinigkeit geben wird.«

Doch wenn sich zu Beginn jedermann von der Überzeugung leiten läßt, daß die neue Wirtschaftsordnung eine *unausweichliche Notwendigkeit* ist und wenn außerdem viele darin ein edles Ziel sehen, das jeder Anstrengung und jedes Opfers würdig ist, dann sind alle Hoffnungen erlaubt, daß es zu einer friedlichen Entwicklung kommen wird.

Wenn man aber trotzdem auf die unzähligen Schwierigkeiten zurückkommen müßte, die zu überwinden wären, um dieser neuen Version der Gerechtigkeit und des Friedens zwischen den Völkern zum Sieg zu verhelfen, dann sollte man einen Blick zurückwerfen auf die Geschichte der neuzeitlichen Staaten, auf die Eroberung der Rechte ihrer Bürger seit *1789*. Heute ist das Vorhaben noch grandioser, denn es handelt sich um die Anwendung einer Charta der wirtschaftlichen und sozialen Rechte und Pflichten der Menschen und Bürger unseres ganzen Planeten.

Die Vereinten Nationen sind notwendig

Zu den Errungenschaften, die dem heutigen internationalen Leben zugute kommen, gehört, glaube ich, das Bestehen der *Vereinten Nationen* und der ihnen angehörenden Organisationen. Ich persönlich bin der Ansicht, daß die Zeit das System der Vereinten Nationen nicht etwa schwächen wird, wie gewisse Leute behaupten, sondern sie wird es im Gegenteil bereichern und stärken. Auf alle Fälle kann die Nützlichkeit des Systems nicht in Zweifel gezogen werden, trotz gewisser Irrtümer und einer gewissen Ohnmacht, wenn es um die Ausführung der in ihrem Schoße gefaßten Entscheidungen geht.

»Zu den Errungenschaften, die dem heutigen internationalen Leben zugute kommen, gehört das Bestehen der Vereinten Nationen und der ihnen angehörenden Organisationen.«

Die Idee des Forums selbst, das heißt, der Gedanke, daß es einen Ort geben muß, wo die Nationen sich versammeln und ihre Angelegenheiten besprechen, um zu verhindern, daß sie handgreiflich werden, und wo sie gelegentlich auch beschließen, einander zu helfen – dieser Gedanke kann nur vielversprechende Früchte tragen.

In diesem Geist macht sich die UNIDO daran, als *Treffpunkt* und *Hintergrund* für den Dialog zu dienen. Die UNIDO hat als eine Organisation für technische Hilfe der internationalen Zusammenarbeit Dienste bereits geleistet, indem sie Tausende von Spezialisten in die verschiedensten Entwicklungsländer entsandte und Tausende von Weiterbildungs- und Studienkursen für Ingenieure, Techniker und Industrieangestellte dieser Länder durchführte.

Heute beabsichtigt die UNIDO, sich auf ihre neue Rolle vorzubereiten, indem sie ihre Beziehungen mit nichtstaatlichen Organisationen, mit Industrien und industriellen Institutionen ausbaut. Zu diesem Zweck ist in ihr bereits eine besondere Abteilung gegründet worden. Ebenso ist im Sekretariat ein neues internationales Zentrum für *industrielle Studien* eingerichtet worden. Es soll zum Treffpunkt zur weltweiten Mobilisierung der Forschungsinstitute werden, die behilflich sein könnten, die Umrisse der neuen Industriekarte der Welt und die Mittel zu ihrer Verwirklichung zu erarbeiten.

Die UNO ist eine große Hoffnung der Dritten Welt, sich auf der Basis der Gleichberechtigung entwickeln zu können. Das Bild zeigt die Zeremonie vom 18. September 1975, als im Hauptsitz in New York zum ersten Mal die Flaggen von Mozambique, Cape Verde und Sao Tomé gehißt wurden.

Als internationale Institution, der nun die Aufgabe übertragen worden ist, in industriellen Belangen die Koordination auf der Ebene des Systems der Vereinten Nationen zu übernehmen, steht die UNIDO vor neuen Perspektiven in der Ausführung der Beschlüsse von Lima. Sie geht an diese neue und schwierige Aufgabe mit Vertrauen und Hoffnung für sich und die ganze Welt heran.

Edward Heath

Freie Unternehmen in einem freien Europa

The Rt. Edward R.G. Heath, PC, MBE, MP, former British Prime Minister

(Foto: Patrick Goebelen)

Daß die Frage nach der Zukunft des freien Unternehmertums überhaupt gestellt wird, ist ein Hinweis auf die allgemeine Stimmung, auf den Mangel an Vertrauen. Doch ein Europa, insbesondere eine Europäische Gemeinschaft ohne freies Unternehmertum hat keine Zukunft. Wir würden uns nicht mehr vom sozialistischen Europa unterscheiden. Vom freien Unternehmertum hängt nicht nur eine freie Gesellschaft ab. Es ist wesentlich für die Erhaltung der Freiheit selbst. Der Autor vermißt, daß nirgends über eine wirkliche »Ethik des Kapitalismus« gesprochen wird. Es gibt für den Kapitalismus von heute neben der Aufgabe zur Profitmaximierung auch die soziale Verantwortung. Es wäre falsch, anzunehmen, daß die politischen Parteien besser imstande seien, der Mehrheit der Bevölkerung die Vorteile der Privatwirtschaft klarzumachen. Dazu wären die Firmenleitungen besser imstande. Denn sie stehen Tag für Tag mit ihren Mitarbeitern in Kontakt. Bekämpfung der Arbeitslosigkeit und eine einheitliche Ressourcen-Politik Westeuropas sind die dringendsten Postulate. Denn hier geht es um die Frage der Höhe und der Sicherung des Lebensstandards. Die nachkeynesianische und nachmonetaristische Wirtschaftstheorie müssen überdacht werden. Es ist unmöglich, eine rigorose monetaristische Position einzunehmen, es sei denn, man nehme soziale Spannungen in Kauf. Eine Alternative zum jetzigen System – die sich Edward Heath nicht wünscht –, zeigt sich in der Nationalisierung von Unternehmen. In England hat der öffentliche Sektor einen Anteil von 60 Prozent am Bruttosozialprodukt. Diese Unternehmen unterstehen aber keinem wirtschaftlichen Prinzip, schränken die Wahl der Konsumenten ein und verschaffen den Gewerkschaften eine monopolartige Macht.

Hat das freie Unternehmertum in Europa eine Zukunft? Allein schon die Tatsache, daß dies als *Frage* ausgesprochen wird, ist bezeichnend für die allgemeine Stimmung, den Mangel an Vertrauen zum freien Unternehmertum und zu den rechtsstehenden Regierungen auf unserem Kontinent. Aber meine Antwort auf diese Frage ist sehr bestimmt und klar. Sie lautet: *Ja!*

Ich würde sogar noch weiter gehen. Ich würde sagen, daß Europa, so wie wir es kennen, und insbesondere die *Europäische Gemeinschaft,* ohne freies Unternehmertum überhaupt keine Zukunft hätte. In der Tat, wenn es mit dem freien Unternehmertum zu Ende wäre, würden wir sozusagen ununterscheidbar von den *sozialistischen Staaten Osteuropas.*

Für mich ist es ein absolut grundlegendes Problem, ob wir in der Europäischen Gemeinschaft in der Lage sein werden, den *Lebensstil* zu behalten, den wir gewohnt sind, und uns als freie Länder zu behaupten. Ich glaube an das freie Unternehmertum. Ich wurde in ihm ausgebildet, ich arbeitete unter ihm. Als ich die Regierung verließ, ging ich zu ihm zurück.

Einige Leser werden vielleicht die Arbeit in einer *Handelsbank* für nicht ganz akzeptabel halten. Ich kann aber versichern, daß es eine sehr angenehme Tätigkeit ist. Tatsächlich wird in meinem Land manchmal darauf hingewiesen, daß es die Ursache vieler unserer Schwierigkeiten sei, daß viel zu viele von unseren talentierten Leuten in den Banken oder den Institutionen der Londoner City arbeiten gehen statt in den, was man mit einer etwas »stalinistischen« Phrase *»die wirklich produktiven Industrien des Landes«* nennt.

Wenn man dies von einem grundsätzlichen Standpunkt aus betrachtet, so ist das freie Unternehmertum in der Tat wesentlich für die Erhaltung der Freiheit in unserer Gesellschaft; es ist wesentlich für die Freiheit des einzelnen, es ist gleichbedeutend mit der freien Auswahl des Verbrauchers, aber auch mit der freien Berufs- und Stellenwahl des arbeitenden Bürgers.

Diese beiden letzteren Freiheiten sind unbedingt grundlegend für das Leben des Individuums in einer freien Gesellschaft. Und so ist freies Unternehmertum gleichbedeutend mit *individueller Freiheit,* der Freiheit des einzelnen im Gegensatz zur Macht des Staates. Dies ist es, was der Frage, soweit es mich anbelangt, ihren grundlegenden Charakter verleiht.

Für eine Ethik des modernen Kapitalismus

Es ist nicht meine Aufgabe oder die irgendeines andern Politikers, jemandem zu sagen, wie er sein eigenes Geschäft zu führen hat. Ich werde das auch gar nicht versuchen. Wer dies nicht selbst weiß, der sitzt auf dem falschen Platz. Aufgabe der Regierung ist es, für eine Umwelt zu sorgen, in der man ein Geschäft *erfolgreich füh-*

ren kann. Dies hat wiederum zur Voraussetzung, daß man über eine angemessen ausgebildete Geschäftsleitung verfügt, und das ist in vielerlei Hinsicht ein großes »*Wenn*«, jedenfalls in meinem eigenen Land.

Zweitens ist es notwendig, daß man stark *motiviert* ist. Das bedeutet für mich, daß man über Wettbewerbssinn verfügt. In dieser Hinsicht gibt es natürlich viele, die sich fragen, ob die Umwandlung der privaten, einem einzelnen gehörenden Firma mit ihrem Freibeutergeist in einen Konzern mit seinem Management, das kein großes Interesse an den tatsächlichen Besitzverhältnissen mehr hat, nicht tatsächlich die Motivation der Industrie von heute verändert hat. Geht nicht etwas von dem *Unternehmungsgeist* verloren, der für eine freie, kapitalistische Unternehmergesellschaft notwendig ist?

Wer in England Wirtschaft sagt, denkt zuerst an eine Tätigkeit in der City mit ihrem Ritual.

Stimmt es tatsächlich, daß in unseren größeren Firmen und vielleicht besonders in den multinationalen eine *Großbürokratie* heranwächst, die keinen großen Unterschied mehr zwischen sich selbst und der Staatsbürokratie erblickt, mit der sie so eng zusammenarbeiten muß?

Etwas, was ich heute vermisse, ist dies: wir erörtern ständig die jeweils zur Diskussion stehenden Fragen, aber darüber, was die wirkliche »*Ethik des modernen Kapitalismus*« ist, wird kaum gesprochen, weder in Wirtschafts-, noch in Universitäts-, noch in politischen Kreisen. Sicher wäre die alte Ethik der freien Marktwirtschaft, des Laisser-faire, der Profitmaximierung unter den Bedingungen der heutigen komplexen Gesellschaft und Technologie eine viel zu simple Ethik. Sie ist in vielerlei Hinsicht überholt und für die große Mehrheit der Bürger in dieser simplen Form nicht mehr akzeptabel.

»Wir erörtern ständig die jeweils zur Diskussion stehenden Fragen, aber darüber, was die wirkliche ›Ethik des modernen Kapitalismus‹ ist, wird kaum gesprochen.«

Sicher gibt es für den Kapitalismus von heute andere Verantwortlichkeiten neben der der Profitmaximierung: es gibt die *soziale Verantwortung,* die Verantwortung gegenüber der Gemeinschaft, in der die Firma tätig ist, die Verantwortung gegenüber den Mitarbeitern und ihren Familien ebenso wie gegenüber den Aktionären und der Geschäftsführung. Es gibt die Verantwortung gegenüber der Umwelt als ganzer, um nur einige vor den andern Rücksichten zu nennen, die in einer modernen Ethik des Kapitalismus verkörpert sein müssen.

Was hat es schließlich für einen Sinn, wenn wir heute öffentliche Mittel einsetzen, um die Trümmer der industriellen Revolution des neunzehnten Jahrhunderts wegzuräumen, von denen es im modernen Großbritannien noch viel zu viel gibt, wenn wir gleichzeitig der modernen Industrie erlauben, landauf landab, den Küsten und Flüssen entlang ähnliche Verheerungen anzurichten?

Die Unternehmer müssen überzeugen

Es gibt nicht wenige Geschäftsleute, die der Ansicht sind, es sei die Aufgabe der *politischen Rechtsparteien,* insbesondere der an der Macht befindlichen, den Wählern das freie Unternehmertum als System zu verkaufen. Einige von ihnen glauben das wirklich, andere habe ich im Verdacht, daß sie ganz einfach den *»Schwarzen Peter«* los sein wollen.

»Politiker sind nicht in einer so glücklichen Lage wie die Firmenleitungen, wenn es gilt, die Privatwirtschaft der großen Mehrheit der Wähler im Land schmackhaft zu machen.«

Ich möchte aber betonen, daß Politiker nicht in einer so glücklichen Lage sind wie die Firmenleitungen, wenn es gilt, die Privatwirtschaft der großen Mehrheit der Wähler im Land schmackhaft zu machen. Das Manage-

Europa oder . . .

. . . nicht Europa – das war der Streit.

ment kennt die Sachlage, während nur sehr wenige Politiker in ihrem Leben je praktische Erfahrungen in der Industrie gesammelt haben, insbesondere in der Fertigung. Das gilt nicht nur für die Rechtsparteien, sondern genauso sehr für die Linke.

Hinzu kommt, daß das Management Tag für Tag, Stunde für Stunde mit den Arbeitern in Kontakt steht, und damit mittelbar mit deren Familien, was keinem Politiker in einem modernen Staat möglich ist. Die Geschäftsleitung hat bessere Gelegenheit, andere von der Stärke und Lebenskraft des privatwirtschaftlichen Systems zu überzeugen. Denn es sind vor allem unsere Industriearbeiter, die von den Verdiensten dieses Systems überzeugt werden müssen. Dies ist eine Aufgabe, für die – ich wiederhole es – das Management schwere Verantwortung trägt.

Ich möchte nur ein Beispiel zitieren: Ich erinnere an die Referendumkampagne für die Mitgliedschaft *Englands* in der *EG,* die wir erfolgreich zu Ende führten. Ich diskutierte mit den vierzehn wichtigsten Arbeitgebern des Landes, ob sie während der Kampagne von uns irgend etwas erwarteten und wie sie ihre eigene Rolle in dieser Auseinandersetzung sähen. Es gab in jenem Stadium nicht einen einzigen unter ihnen, der bereit gewesen wäre, seine Arbeiter zu überzeugen zu versuchen, daß es für Großbritannien das richtige sei, in der Gemeinschaft zu bleiben. Einer aber von ihnen sagte wahrhaftig:

»*Wenn ich ihnen die Argumente vorlegen würde, dann würden sie ohne Zweifel das Gegenteil von dem tun, was ich will.*«

Das war in meinen Augen ein fürchterliches Verdammungsurteil über die Beziehungen zwischen der Geschäftsleitung und den Arbeitern. Wenn sich dies bestätigen sollte, dann wären die Aussichten selbstverständlich trübe.

Widersprüche gibt es in meinem Land auch in anderer Hinsicht. Bei den Wahlen von 1974 wurde im *Nordosten* bei seriös durchgeführten Umfragen in zwei unserer größten Firmen festgestellt, daß über 85 Prozent der Arbeiter entschieden gegen Staatsunternehmen und insbesondere gegen die Verstaatlichung ihrer eigenen Firmen eingestellt waren.

Hatte dies irgendeine Auswirkung auf das politische Resultat im Wahlbezirk, in dem diese Arbeiter leben und den überwiegenden Teil der Bevölkerung ausmachen? Keineswegs. Das hieß, daß Leute wieder ins Parlament gewählt wurden, die darauf verpflichtet waren, für die Nationalisierung einzutreten, also für genau das, was ihre Wähler absolut nicht wollen.

Arbeitslosigkeit bedroht die Freiheit

Man kann sehr wohl und durchaus mit Recht sagen, daß ein Arbeiter, der keine Stelle mehr findet, auch keine freie Stellenwahl mehr kennt, die, wie ich betone, Teil der Freiheit in einer demokratischen marktwirtschaftlichen Gesellschaft ist. Deshalb ist es unsere Pflicht, dieses Problem der Arbeitslosigkeit sehr ernsthaft anzupacken.

»Man kann sehr wohl sagen, daß ein Arbeiter, der keine Stelle mehr findet, auch keine freie Stellenwahl mehr kennt, die Teil der Freiheit in einer demokratischen marktwirtschaftlichen Gesellschaft ist.«

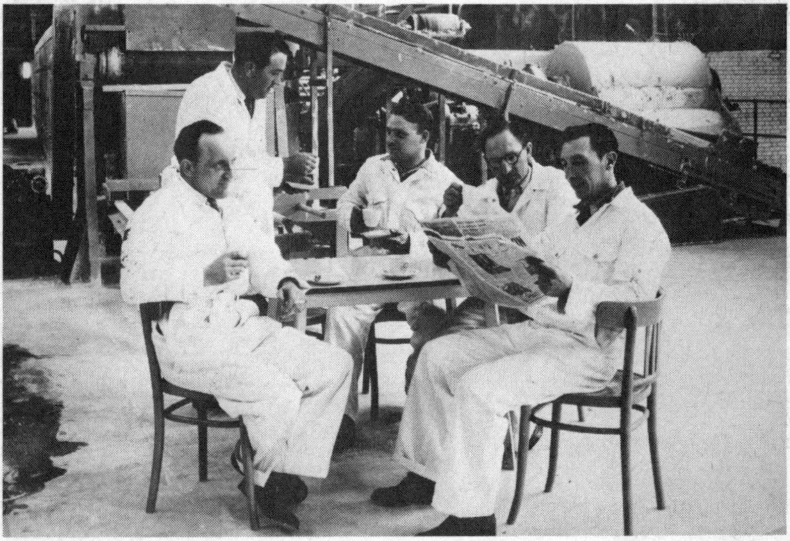

Auf die Teepause kann unter keinen Umständen verzichtet werden.

Dies ist natürlich nur eines der *Ungleichgewichte,* die in einigen unserer Länder das freie Unternehmertum davon abhalten, so wirkungsvoll zu funktionieren, wie es eigentlich könnte. In Großbritannien haben wir – wie in *Italien* und *Südirland* – das regionale Ungleichgewicht, den gewaltigen Kontrast zwischen *Schottland,* Teilen von *Wales, Nordirland* einerseits und dem Rest des *Ver-*

einigten Königreichs andererseits, insbesondere dem *Nordwesten,* den *Midlands* und dem *Süden.* Dies ist eine gewichtige Unausgewogenheit, die bedeutet, daß die Wirtschaftspolitik, die vom Zentrum aus geführt wird, in Tat und Wahrheit der Privatwirtschaft als ganzer nie erlauben wird, so wirkungsvoll zu arbeiten, wie sie sonst könnte.

Bei uns gibt es das Ungleichgewicht in der Machtverteilung zwischen *Gewerkschaften* und *Geschäftsleitung.* Auch dies ist ein Ungleichgewicht, das die Privatwirtschaft nicht so effektiv arbeiten läßt, wie es von ihr zu erwarten wäre.

Die Vervierfachung des Ölpreises im Oktober 1973 ist eine der wichtigsten Ursachen der Arbeitslosigkeit in ganz Europa. Diese Entwicklung wurde politisch zu einer Quelle von Spannungen in der Europäischen Gemeinschaft. Es gab im Verhältnis zum *Mittleren Osten* und der *OPEC* drei außenpolitische Richtungen in der Gemeinschaft:

- die deutsch-holländische
- die französische
- die von den restlichen Ländern gestützte britische.

Wir brachten die Krise mit Ach und Krach hinter uns, aber ich möchte hier bemerken: meines Erachtens ist es eine der wichtigsten Aufgaben, denen die Europäischen Gemeinschaften, insbesondere die Außenminister, gegenüberstehen, dafür zu sorgen, daß sie überhaupt eine *gemeinsame Außenpolitik* haben, um mit möglichen Verwicklungen in aller Welt fertigzuwerden. Wenn wir eine weitere Nahostkrise zu bewältigen hätten, die unsere Ölversorgung gefährdet, werden die Außenminister eine allgemein anerkannte, einheitliche Politik haben? Ich habe noch kein Zeichen dafür bemerkt, daß es soweit kommen könnte.

»Wenn wir eine weitere Nahostkrise zu bewältigen hätten, die unsere Ölversorgung gefährdet, werden die westeuropäischen Außenminister eine allgemein anerkannte, einheitliche Politik haben?«

Die Ölkrise und der Preisaufschlag hatten eine *massive Verlagerung* von realen Ressourcen aus dem industrialisierten Westen in die ölproduzierenden Länder zur Folge. Dies geschah plötzlich und dramatisch. Wir hatten keine Zeit, um uns anzupassen. Wenn plötzlich eine solche Verschiebung von Ressourcen stattfindet, so führt dies zu einem Rückgang des Lebenstandards bei jenen Leuten, die Industriegüter herstellen.

Soweit kann es jedoch nur kommen, wenn die vom Ressourcentransfer begünstigten Länder den Zustrom nicht absorbieren können. Wir haben gesehen, daß die ölproduzierenden Länder dazu nicht imstande waren. Deshalb hängt die Lösung von diesem Problem heutzutage weitgehend von den *internationalen Finanzabkommen* ab. Bis dahin müssen wir einen weiteren Rückgang des Lebensstandards unseres Volkes in Kauf nehmen.

Evening Standard

CITY PRICES

All over Europe sterling buys less and less

£ CRASHES TO $1.7180

Evening News

CITY PRICES

THE ARRAN COLUMN: Page 7

Act now, City tells Jim

£ TAKES A RECORD PLUNGE

Oh what a flutter—£25m on the Derby

Daily Mail

DERBY DAY EXTRA

Cabinet faces prospect of spending cuts

FOOT DROPS U.S. VISIT AS THE £ FALLS

2 held over forged coins

Die Krise des Pfunds – ein Indikator der wirtschaftlichen Situation Englands.

Diese plötzlich eingetretene Lage hat zur Debatte darüber Anlaß gegeben, ob das freie Unternehmertum eine Zukunft hat oder nicht, ob es Probleme dieser Art bewältigen kann. Hinzu kommen die *individuellen Schwierigkeiten,* die unsere Mitbürger bei der Aufrechterhaltung ihres Lebensstandards zu überwinden haben.

Dies hat für uns alle, die wir in einer freien Marktwirtschaft leben, zur Folge, daß wir unsere *nachkeynesianische* und *nachmonetaristische Wirtschaftstheorie* neu überdenken müssen. Nur so wird es uns gelingen, unsere Wirtschaft wiederum auf einem Produktionsniveau einpendeln zu lassen, das die Verluste ausgleicht, die wir infolge des Anstiegs der Rohstoff- und insbesondere der Ölpreise hinnehmen müssen.

Bieten Staatsbetriebe eine Alternative?

Hier können wir in Großbritannien aus besonders ausgiebiger eigener Erfahrung schöpfen. Infolge dreier langer Perioden *sozialistischer Regierungstätigkeit* haben wir einen sehr großen öffentlichen Sektor, einen öffentlichen Sektor, auf den 60 Prozent des Bruttosozialprodukts entfallen und der noch immer wächst. Es handelt sich um einen öffentlichen Sektor, der *Kohle, Elektrizität, Gas, Bahnen, Luftlinien, Stahl* umfaßt und demnächst durch *Schiffbau, Luftverkehr* und *Docks* ergänzt werden soll. Dazu kommt noch die *lokale* und *zentrale Verwaltung.* Hinsichtlich des Resultats sollte man jedoch einige Feststellungen treffen.

Monopole: Diese verstaatlichten Bereiche sind sämtlich *Monopole* geworden: sowohl Verbraucher als auch Arbeiter haben keine Wahl mehr.

Marktkräfte sind in der Minderheit: Die *Marktkräfte* können nur noch über einen Minderheitssektor unserer Wirtschaft wirken. Das heißt, daß die Marktkräfte in der Gesamtwirtschaft und sogar im privaten Sektor (wegen der Monopolstellung der öffentlichen Industrien) weit weniger funktionsfähig sind.

Keine finanzielle Disziplin: Die Verstaatlichung nimmt den Leitern dieser Industrien und den Organisationen den Zwang zu finanzieller und kommerzieller Disziplin. Diese ist den Verantwortlichen ganz abhanden gekommen. Die Konsumenten haben sozusagen nichts mehr zu sagen.

Vielleicht gibt es einen *Verbraucherbeirat.* Er kann aber die Haltung einer nationalisierten Industrie gegenüber ihren Produkten oder Preisen nur geringfügig beeinflussen. Man mag staatliche Kontrollen einführen, insbesondere auf dem Gebiet der *Investitionen.* Wozu soll das dienen? Es verdoppelt die Bürokratie und es vervielfacht den Ärger in der nationalisierten Industrie wegen der alltäglichen Einmischung.

Macht der Gewerkschaften: Die Gewerkschaften in jenen Industrien merken, welche Macht ihnen das Monopol verschafft. Sie machen davon Gebrauch. Sie wissen, daß ein nationales Monopol nicht bankrott gehen kann. Sie wissen ferner, daß sie in vielen Fällen – beispielsweise in der Elektrizitäts- oder Kohlenindustrie und im Transportwesen – das Wirtschaftsleben des Landes zum Stillstand bringen können, wenn es ihnen paßt. Und in der Vergangenheit *hat* es ihnen in England manchmal gepaßt.

»Die Gewerkschaften wissen, daß ein nationales Monopol nicht bankrott gehen kann.«

Die Macht der Gewerkschaften: Kohlenbergwerkleute stimmten ab, ob sie in einen nationalen Streik treten sollen.

Lohndruck: Der Lohndruck kommt vom öffentlichen Sektor und von den nationalisierten Industrien, weil dort die Widerstandsmöglichkeiten sowohl bei der Geschäftsleitung als auch bei der Regierung stark beschränkt sind.

Privatunternehmen im Zugzwang: In Großbritannien wird bei gewerkschaftlichen Lohnverhandlungen so stark vom Grundsatz der Vergleichbarkeit ausgegangen, daß die Privatunternehmen versuchen müssen, ebensoviel zu zahlen wie der öffentliche Sektor. Sie sind aber nicht immer dazu imstande. Sie können nicht mehr mitmachen und geraten in finanzielle Schwierigkeiten. Das Ergebnis davon ist, daß sie den Staat um Hilfe angehen müssen; unter einer sozialistischen Regierung ist dies gleichbedeutend mit der Übernahme durch den Staat, in dieser oder jener Form.

Im Unterschied etwa zur Bundesrepublik fürchten die Arbeiter die Arbeitslosigkeit mehr als die Inflation. Sie können mit der Inflation solange leben, als sie nicht zu Arbeitslosigkeit führt. Da die Inflation so weitgehend durch den Lohndruck aus den öffentlichen Industrien bedingt gewesen ist, ist es notwendig, eine *Einkommenspolitik* zu haben, die die Lohnerhöhungen in Grenzen hält, die Inflation bremst und zugleich die Arbeitslosigkeit, die die Arbeiter selbst nicht wollen, einschränkt.

Privatunternehmen tragen den öffentlichen Bereich: Wenn man einen großen öffentlichen Sektor hat, bleibt es der Privatwirtschaft überlassen, den öffentlichen Sektor zu unterstützen und durch Steuern die Verluste auszugleichen, die dieser macht. Die Privatunternehmen tragen also nicht nur ihre eigene Bürde, sondern zusätzlich auch noch jene des öffentlichen Sektors.

»Wenn man einen großen öffentlichen Sektor hat, bleibt es der Privatwirtschaft überlassen, den öffentlichen Sektor zu unterstützen und durch Steuern die Verluste auszugleichen.«

Wer zahlt die Investitionen? Die Probleme der Investitionen und der finanztechnischen Leitung werden sozusagen unlösbar, wenn der Staat sich damit befassen muß. Die Investitionen müssen entweder aus Steuermitteln oder durch Aufnahme am *Markt* finanziert werden. Man sagt, die nationalisierten Industrien sollen selbst an den Markt gelangen. Doch was geschieht? Der Markt verlangt eine staatliche Garantie und fordert 1 Prozent mehr, als die Regierung selbst bezahlen müßte. Es hat deshalb gar keinen Zweck, es auf dem Kapitalmarkt zu versuchen, auch wenn das Geld beschafft werden könnte.

Manchmal wird gefragt: Wieso soll man diese Betriebe nicht als Privatunternehmen behandeln und sie den gleichen Bedingungen unterwerfen wie diese? Dies ist meiner Ansicht nach eine völlig falsche These. Behörden sind keine Privatunternehmen, und sie verhalten sich nicht wie solche. Vor allem ist es leider nicht mehr möglich, sie zu reprivatisieren, weil *niemand bereit* ist, ein öffentliches Unternehmen zurückzukaufen, wenn er riskiert, daß es beim nächsten Regierungswechsel wieder verstaatlicht wird.

Deshalb bewegt sich der Zeiger nach links. Es verhält sich damit in mancher Hinsicht wie mit der Détente. Man gibt dem Osten die Möglichkeit zu sagen: »*Bei uns ist jetzt alles festgeschrieben, aber bei euch geht die Kontestation weiter. Jedes Mittel ist erlaubt, um euch sturmreif zu machen.*«

Die freie Marktwirtschaft ist die bessere Alternative

Die Geschäftsleitung eines nationalen Unternehmens weiß, daß die Regierung ihr stets über die Schultern blickt. Das muß sich auf die Haltung der Unternehmensleitung, insbesondere auf den *Verwaltungsratspräsidenten* auswirken. Es ist sehr schwierig geworden, in Großbritannien für ein öffentliches Unternehmen einen Verwaltungsratspräsidenten zu finden.

»Die Geschäftsleitung eines nationalen Unternehmens weiß, daß die Regierung ihr stets über die Schultern blickt.«

Ich bin keineswegs überrascht. Wieso sollte irgend jemand einen solchen Posten wollen? Er wird viel schlechter bezahlt als jemand mit vergleichbarem Rang in der Privatindustrie. Seine Verantwortung ist größer.

Es werden im *Parlament* mindestens zweimal pro Woche, wahrscheinlich noch öfter, Fragen über ihn gestellt. Sein Verhalten wird so oft erörtert, als es den Abgeordneten paßt. Die *Presse* wird ihn mitten in der Nacht aus dem Bett jagen, um ihn über irgendeine unbedeutende Angelegenheit in irgendeinem kleinen Dorf zu befragen, über die er überhaupt nicht Bescheid weiß. Und am Schluß seiner Laufbahn – was schaut da für ihn heraus? Das *House of Lords* ist nicht mehr, was es einmal war.

Es ist daher vielleicht nicht erstaunlich, daß die oberste Geschäftsleitung heute sozusagen ausschließlich aus Leuten besteht, die bereits in den Ruhestand getreten sind und bald siebzigjährig sein werden. Ich habe großen Respekt für Siebzigjährige, aber sie legen nicht immer die Energie und Initiative an den Tag, die man in einem nationalisierten Unternehmen braucht.

»Man mag mit einer freien Marktwirtschaft noch so viel Schwierigkeiten haben und die Kritik an ihr mag noch so berechtigt sein – die Alternative dazu ist unendlich viel schlimmer.«

Ich hoffe, daß die Punkte, die ich aufgezählt habe, wenigstens meine Ansicht glaubhaft machen, daß man mit einer freien Marktwirtschaft noch so viel Schwierigkeiten haben mag und daß die Kritik an ihr noch so berechtigt sein mag – die Alternative dazu ist unendlich viel schlimmer, vom Gesichtspunkt der Freiheit in der Gesellschaft, von dem der Schaffung von Werten zugunsten der Bürger, und von dem der Beziehungen zwischen Industrie und Regierung.

Die EG sollte es den Unternehmen leichter machen

Unser Kontext heißt Europa. Damit meine ich in diesem Stadium die Europäische Gemeinschaft. Ich halte es für dringlich, daß die Gemeinschaft an der Industriefront etwas unternimmt, um es den Privatunternehmen noch leichter zu machen, insbesondere auf dem Gebiet des Firmenrechts. Dieses sollte es den Unternehmen ermöglichen, in allen neun Ländern der Gemeinschaft sehr viel freier und wirkungsvoller aufzutreten. Ich glaube, dies ist in mancherlei Hinsicht viel wichtiger als einige der ziemlich peripheren Angelegenheiten, denen die Kommission bis jetzt ihre Aufmerksamkeit zugewandt hat.

»Die Freiheit in unserer modernen Gesellschaft hängt vom freien Unternehmertum ab.«

Die Freiheit in unserer modernen Gesellschaft hängt vom freien Unternehmertum ab. Wenn man freien Menschen eine Chance bietet, frei unternehmerisch tätig zu werden, so leisten sie absolut Erstaunliches für sich und für die Gemeinschaft.

François Mitterand

Gegen ein Westeuropa der Monopole

François Mitterand, premier secrétaire du parti socialiste français

(Foto: Patrick Goebelen)

Es gibt immer weniger wirklich freie, unabhängige Unternehmen. Im Verlaufe der wirtschaftlichen Entwicklung zur Konzentration kommt es immer mehr zu einem Widerspruch zwischen der Industrie und den Banken. Neben der multinationalen Konzentration ist der Sozialismus als Bedrohung des freien Unternehmertums zu nennen. Er entstand ursprünglich aus einem humanistischen Protest der Lebensbedingungen der Proletarier, der von utopischen Wirtschaftstheorien abgelöst worden ist. Der Weg der integralen Kollektivierung, wie er in der Sowjetunion und in China beschritten wurde, ist falsch. Denn hier werden moralische Begriffe mit den wirtschaftlichen Sachverhalten vermischt. In der Auseinandersetzung von heute geht es nicht nur um die unternehmerische Freiheit, sondern auch um die Freiheit in allen Lebensbereichen. Nationalisierungen von Unternehmungen hat es immer schon gegeben. Verstaatlichung ist in dem Maße nötig, als die Kapitalakkumulation in einzelnen Sektoren den Wettbewerb ausgeschaltet hat und dabei ein Monopol von gesamtwirtschaftlicher Bedeutung entsteht. Auf diese Weise wird ein Gesellschaftstyp entstehen, in dem es einen großen öffentlichen, einen gemischtwirtschaftlichen und einen großen privatwirtschaftlichen Bereich geben wird.

Da ich hier vom freien Unternehmertum schreibe, untersuchen wir zunächst, inwiefern es bedroht ist. Darauf werden wir prüfen, welche Überlebenschancen es hat. Natürlich werde ich mich hier im Sinne meiner Überzeugungen äußern, und aufgrund der Idee, die ich mir – nicht als einziger – von der Entwicklung der Wirtschaft seit dem Beginn der Industrialisierung mache. Es ist mir dabei nicht so wichtig, ob ich überzeuge oder nicht; wesentlich erscheint mir, daß die Auseinandersetzung Wurzeln schlägt und daß man mit der Zeit im gegenseitigen Interesse ein gemeinsames Terrain findet.

Die Unternehmerfreiheit wird durch die beiden großen Systeme bedroht, die sich die industrielle Welt teilen. Ich meine damit den Kapitalismus und den Sozialismus. Das will viel heißen, denn wir kennen kein drittes System. Diese Freiheit wird durch den Kapitalismus aus einem Grund bedroht, den ich mir in Erinnerung zu rufen gestatte, obwohl er seit anderthalb Jahrhunderten stets aufs neue wiederholt worden ist. Er ist allerdings heute so einleuchtend und aktuell wie eh und je, und zwar infolge jenes Prozesses, den man die *kapitalistische Konzentration* nennt.

»Die Unternehmerfreiheit wird durch die beiden großen Systeme bedroht, die sich die industrielle Welt teilen: vom Kapitalismus und vom Sozialismus.«

Es stimmt wohl, daß der Kapitalismus, die kapitalistische Gesellschaft der Industriestaaten sich seit ihren Anfängen stark geändert hat. Ich stamme aus der *Provinz*, aus *Westfrankreich*. Ich erinnere mich an meine Jugend, an die Zeit, wo ich das Collège besuchte. Ich war damals Klassenkamerad von Söhnen der örtlichen Oberschicht, und zu dieser gehörten in der Gegend von *Cognac* in der Regel die Eigentümer großer Handelshäuser. Viele dieser Kameraden sind noch heute meine Freunde. Wir treffen uns noch ab und zu, und ich kehre alljährlich ein- oder mehrmals dorthin zurück.

Einer von diesen Freunden, ein Landwirt, stellt den Branntwein her, der nachher unter dem Namen *Cognac* verkauft wird. Seinerzeit gab es 250 Unternehmen, freie Unternehmen, die dies taten. Sozialistische Gesellschaften gab es keine. Doch von den kapitalistischen sind ganze vier übriggeblieben. Dem Namen nach sind es mehr, aber alle andern sind von außenstehenden Gesellschaften übernommen worden, sei es von französischen wie die berühmte Firma *Cognac Biscuit* (die heute *Riccard* gehört) oder *Hennessy* (nunmehr *Moët et Chandon*), oder von *kanadischen, englischen* oder *amerikanischen Multinationalen. Courvoisier* beispielsweise gehört *X. Shaw.* Ich könnte diese Liste aus eigener Kenntnis weiter fortsetzen.

Der Kapitalismus hat sich selbst vernichtet. Mit anderen Worten: der Kapitalismus hat sich gemäß dem Gesetz der *Kapitalakkumulation* entwickelt, indem er das freie Unternehmertum zerstört hat.

Die gleiche Erscheinung finde ich in der Gegend wieder, die ich seit bald dreißig Jahren vertrete. Ich bin Abgeordneter des Départements *Nièvre,* im mittleren Osten Frankreichs, ganz nahe bei einer der berühmtesten Städte der französischen Industriegeschichte, *Le Creusot.* In meiner Jugend war Le Creusot die Hochburg von *Schneider.* Schneider war der »*Maître de forges*«.

Man kannte ihn nicht von Angesicht, man wußte nicht genau, wer er war, aber er war das Symbol der Macht der kapitalistischen Welt, dank dem Mut, der Intelligenz, dem Erfindergeist einer Familie, ihrer Ausdauer und dank der Tätigkeit hochqualifizierter Arbeiter. Der Erfolg von Schneider hatte allerdings einige Nachteile: die kleinen und mittleren Hüttenbetriebe Mittelfrankreichs, des Zentralbassins und bald des ganzen Landes wurden durch dieses mächtige Unternehmen aufgeschluckt. Schneider setzte die Preise, die Qualitäten, die Mengen fest.

Und heute, was ist das – Schneider? Es ist nicht mehr Schneider und es ist nicht mehr französisch. Präsident des Verwaltungsrats von Schneider ist der *Baron d'Empain,* und die Gesamtheit der Interessen des Verwaltungsrats von Schneider sorgte dafür, daß die Kapitalkonzentration im Verlauf eines einzigen Jahrhunderts Tausende von freien Unternehmen liquidiert hat.

Ich erwähne diesen Konzentrations- und Akkumulationsvorgang nicht in polemischer Absicht. Ich stelle einfach einen Prozeß fest, der wissenschaftlich nicht bestritten werden kann. Einst, im Augenblick, wo das freie Unternehmen entstand, verbreitete sich der Lokalkapitalismus. Mein eigener Großvater gründete ein kleines Unternehmen, das es zu einiger Bedeutung brachte. Ich kannte und liebte es lange Jahre. Es war mit einem angenehmen, aber schwierigen Lebensstil verbunden. Dann wuchs das Unternehmen in regionale-, schließlich nationalkapitalistische und vielleicht eurokapitalistische, jedenfalls multinationale Zusammenhänge hinein.

Die Eigengesetzlichkeit des Kapitalismus

Halten wir also gleich von Anfang an daran fest: die natürliche Entwicklung des Kapitalismus in Richtung auf die konzentrierten Formen von manchmal globalen Ausmaßen hin gehorcht dem Gesetz, daß sie sich aus der Substanz der kleinen und mittleren Unternehmen nährt, die – wenn sie überhaupt fortbestehen – zu *Zulieferbetrieben* herabsinken, auf jeden Fall aber nicht mehr freie Unternehmen sind. Diese Erscheinung dürfte immer häufiger auftreten, und es wird hier noch manches Beispiel zu erwähnen sein, das ich für später aufspare.

Ich möchte hier beifügen, daß die Entwicklung des Kapitalismus und des freien Unternehmertums, besonders auf dem Gebiet der *Industrie,* im Laufe der Zeit durch einen konkurrierenden Kapitalismus, den *Bank-*

kapitalismus, behindert worden ist. Was den Kapitalismus in der *Verteilung* betrifft, ist wohlbekannt, daß in Frankreich das Handwerk und der Handel mehr und mehr von der Bildfläche des Wettbewerbs verschwinden. Denn die Wettbewerbsfreiheit verlangt, daß der Mächtigere den Schwächeren ausschaltet. So haben die großen Verteilungsgesellschaften, die im allgemeinen von der Bankfinanz gestützt werden, von den großen Verteilerkreisen Besitz ergriffen.

Paris (Arc de Triomphe): Historisch – übersichtlich gewachsen. . .

»Die Wettbewerbsfreiheit verlangt, daß der Mächtigere den Schwächeren ausschaltet.«

Es ist überall dasselbe, und es handelt sich um eine – jedenfalls in unseren Augen – unausweichliche Erscheinung. Man sieht nicht ein, wie der Kapitalismus sich selbst verleugnen könnte. Er verdankt seine Entstehung der *freien Initiative,* entwickelt sich im Zeichen des freien Wettbewerbs und beruht auf der Fähigkeit des Besten oder Stärksten, seinen Machtbereich auszudehnen. Wie könnte dieser sich ausdehnen, wenn er nicht über seine Nachbarn herrschen würde – es sei denn, die Welt sei unendlich, und man habe eine Kundschaft, die sich über Zeit und Raum hinweg unbeschränkt erneuert.

Die *Dritte Welt* kann in dieser Beziehung gewisse Perspektiven eröffnen; die beschleunigte Selbstvernichtung der industriellen Macht, von der hier die Rede ist, ist

. . . und funktional geplant. (Der neue Bahnhof von Montparnasse)

dort noch nicht im Gang, aber die Welt ist klein, und sie hat ihre Grenzen.

Der kapitalistische Prozeß ist in fünfzehn bis zwanzig großen Industriesektoren auf multinationalem Niveau angelangt. Damit ist das freie Unternehmertum praktisch ausgeschaltet worden.

Bankkapital contra Industriekapital

Aber die beiden Formen des Kapitalismus, der *Industrie-* und der *Bankenkapitalismus,* sind schon seit der Mitte des 19. Jahrhunderts aufeinandergeprallt. Das kommt in den gegensätzlichen Auffassungen von *Tocqueville* und *Marx* zum Ausdruck. Das Bild, das jener vom zeitgenössischen Regime von *Louis Philippe* entwirft, basiert bereits auf dem Gegensatz zwischen Banken- und Industriekapital. Diese Erscheinung hat sich in unserer Zeit noch verstärkt.

Die Bank, die über das Schlüsselargument »*Kredit*« verfügt, ist heute durchaus in der Lage, den industriellen Sektor zu kontrollieren und zu beherrschen, wenn nicht gar in Besitz zu nehmen. Der Industrielle, der Unternehmer, der sich in der Industrie betätigt, ist eine Art Erfinder. Seine ganze Energie, sein ganzer Ehrgeiz und sein ganzer Stolz ist auf das Produzieren gerichtet.

Ich glaube nicht, daß der Profit das Hauptmotiv seines Handelns ist, selbst wenn er gern Profit macht, was durchaus sein Recht ist. Ich glaube, der Industrielle, der in seinem Unternehmen Herr und Meister bleibt, gehorcht dem Drang zum Produzieren, zum Schaffen. Er liebt die Dinge, die sein Unternehmen herstellt. Er arbeitet nicht, um sich zu bereichern. Das ist es nicht, was ihn nachts wachhält, sondern das Ausbauen, das Forschen, das Ersinnen weiterer Produkte, die noch bessere Aufnahme finden sollen, bei einem noch zahlreicheren Publikum.

Das ist beim Bankkapitalisten ganz anders. Der Bankier hat seine Existenzberechtigung nicht im Herstellen von Gegenständen, sondern in ihrem Verkauf. Wo der Bankenkapitalismus zur Herrschaft gelangt, bekommt das Phänomen ein ganz anderes Gesicht. Es handelt sich nicht mehr darum, ein Unternehmen bis zum bittern Ende durchzuhalten, angefangen damit, daß man sich verschuldet, Nächte durchwacht und alle die Ängste durchlebt, welche solche Unternehmen verursachen können. Denn unter dem gegenwärtigen kapitalistischen Regime, in Frankreich jedenfalls, verzeichnen wir einen Rekord von *Konkursen* und *Zwangsliquidationen.*

Der Bankier kennt dieses Problem nicht. Er verkauft. Er verkauft, um wieder zu kaufen, aber er kauft, um zu verkaufen. Das Geld muß rollen, das ist nicht eine Meinung, sondern es ist Wirklichkeit. Das Geld muß rollen. Und da heute in unserer Gesellschaft der Kredit die Wirtschaft beherrscht, ist jenes Unternehmen das blühendste, das den größten Auftragsbestand und einen auf zwei, fünf, zehn Jahre hinaus geplanten Terminkalender hat. Die Forschung nimmt oft ein Vierteljahrhundert in Anspruch.

Je wagemutiger ein Industrieller ist, desto mehr blickt er voraus, desto mehr engagiert er sich und investiert er, desto mehr schafft er tatsächliche und potentielle Werte und desto mehr setzt er sich Risiken aus, über die er keine Gewalt hat – nationale oder internationale Krisen, Härte oder Anfälligkeit der Landeswährung und dergleichen. Aber von dem Augenblick an, wo er wegen des Versagens der Regierung nicht mehr imstande ist, die Verantwortung zu tragen für das, was er mit voller Energie aufgebaut hat, ist er dem *Druck* des Bankiers ausgesetzt.

Wie viele wirklich freie Unternehmer gibt es noch?

Wir haben ein *Verzeichnis* der Industrien ausgearbeitet, die heute den Banken gehören, und dabei festgestellt, daß es Hunderte von ihnen gibt. Man glaubt, sie seien freie, selbständige Unternehmen, aber das ist völlig falsch. Sobald man etwas näher zuschaut, merkt man, woran man ist. Ich könnte eine Liste von 170 der wichtigsten Industrieunternehmen vorlegen, die vermeintlich unabhängig sind, in der Tat aber Banken gehören.

62

Ich erinnere mich an eine Auseinandersetzung, die mich sehr interessierte, als man über die mögliche Verstaatlichung der *Zementindustrie* in Frankreich sprach. Als wir uns mit hochgestellten Vertretern von *Poliet & Chausson* zusammensetzten, stellten wir fest, daß wir in Tat und Wahrheit mit einer der größten Geschäftsbanken unseres Landes diskutierten. Und das ist nur ein Beispiel von vielen.

Was das *Baugewerbe* betrifft, ist es bekanntlich sehr schwer geworden, im regionalen Bereich Unternehmen zu finden, die beispielsweise Straßen bauen können. Wer Frankreich bereist, begegnet überall den Schildern »*On travaille pour vous*« (»Wir arbeiten für Sie«) – das stimmt, man arbeitet für uns, aber geht man der Sache nach, so findet man, daß unter den sechs oder sieben wichtigsten französischen Unternehmen keines in französischem Besitz ist: sie gehören sämtlich der einen oder andern von den »sieben Schwestern«, den sieben multinationalen Ölgesellschaften.

Deshalb sage ich, daß die Konzentration und Akkumulation zu einer Reihe von Kettenreaktionen führt, die zum fortschreitenden und nunmehr beschleunigten Verschwinden des freien Unternehmens führen. Ohne Zweifel könnte man sagen, die überlebenden Unternehmen seien »*frei*«, aber es gibt so wenige von ihnen, immer weniger, und ihre Zahl schwindet so stark, daß binnen eines Jahrhunderts vielleicht alle Sektoren der Wirtschaft in den Händen einiger multinationaler Gruppen sein werden. Der ganze Rest dessen, was man freie Unternehmer nennt, ist in Wirklichkeit von Entscheidungen abhängig, die über ihre Köpfe hinweg gefällt werden.

»Ohne Zweifel könnte man sagen, die überlebenden Unternehmen seien ›frei‹, aber es gibt wenige von ihnen, immer weniger.«

Eine andere Frage ist, ob man eine gewisse Zahl jener obengenannten, sehr mächtigen Gruppen »frei« nennen kann, wo sie doch in gewissen wichtigen Bereichen nur mit *Staatshilfe* überleben können. Diese Privatinteressen können sich nur so lange halten, als ihnen öffentliches Kapital aus den Taschen der Steuerzahler zufließt.

In diesem Zusammenhang wäre beispielsweise die Computerbranche zu nennen. Als die Firma *Bull* 1963 Konkurs anmelden mußte, gab es schon Tausende von Arbeitern, die imstande waren, Frankreich mit Computern, diesem unerläßlichen Werkzeug der modernen, zivilisierten Gesellschaft, auszurüsten. Es gab eine große nationale Debatte – das war zur Zeit, als *Pompidou* Ministerpräsident und *Giscard d'Estaing* Wirtschafts- und Finanzminister waren. Das gesamte Parlament hatte der Regierung empfohlen, diese Industrie ja nicht unter ausländische Kontrolle geraten zu lassen, und die Regierung war damit einverstanden.

Das Boulespiel gibt Gelegenheit, sich auf dem Dorfplatz zu treffen. . .

Darauf rief man die »*Compagnie informatique internationale*« ins Leben, die sich auf zwei große Privatunternehmen stützte, die *C.G.E.* und *Thomson-Houston,* die ihrerseits in einer Holdinggesellschaft zusammengefaßt waren, welche tatsächlich weitgehend von Thomson kontrolliert wurde.

Aber damit nicht genug. Die Compagnie informatique internationale mußte ihrerseits verschwinden. Auf merkwürdigen Umwegen ist die Firma Bull, die sich zunächst an eine, dann an eine andere Gruppe verkauft hatte, schließlich von *Honeywell* übernommen worden. Sie ist also mit dem Segen der französischen Regierung einem Konzern einverleibt worden, dessen Entscheidungen in Amerika fallen und auf französische Bedürfnisse nur marginal Rücksicht nehmen. Das wäre vielleicht nicht einmal so schlimm gewesen, wenn man nicht heute feststellen müßte, daß in den zwölf Jahren, die seither vergangen sind, diese sogenannt freien Privatunternehmen vom Staat Subventionen bezogen haben. Frankreich hat also fast 8000 Milliarden (alte) Francs zum Fenster hinausgeworfen, um *keine* nationale Computerindustrie zu besitzen, im Gegensatz zum ursprünglichen Wunsch.

Welcher Sozialismus?

Der andere Gegner, die andere Bedrohung des freien Unternehmertums ist der *Sozialismus.* Der Sozialismus

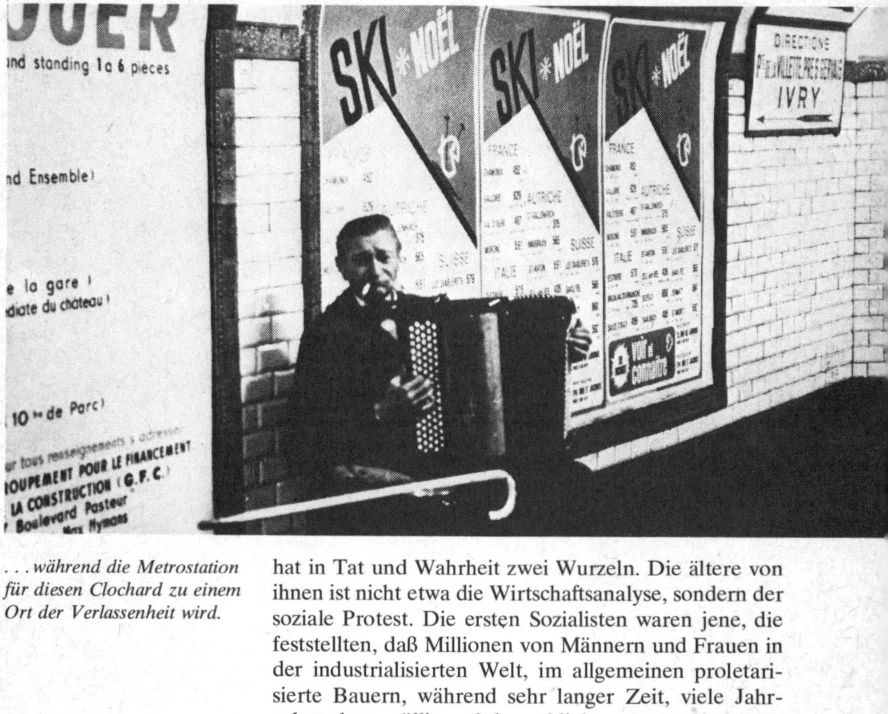

. . . während die Metrostation für diesen Clochard zu einem Ort der Verlassenheit wird.

hat in Tat und Wahrheit zwei Wurzeln. Die ältere von ihnen ist nicht etwa die Wirtschaftsanalyse, sondern der soziale Protest. Die ersten Sozialisten waren jene, die feststellten, daß Millionen von Männern und Frauen in der industrialisierten Welt, im allgemeinen proletarisierte Bauern, während sehr langer Zeit, viele Jahrzehnte lang, völlig rechtlos geblieben waren. Sie hatten kein Recht auf Lohn, kein Recht auf Sicherheit, kein Recht auf Wohnung, kein Recht auf Erziehung, überhaupt kein Recht.

»Der andere Gegner, die andere Bedrohung des freien Unternehmertums ist der Sozialismus.«

Ich erinnere daran, daß die großen Juristen um *Napoleon Bonaparte* als erste Fassung jenes Artikels des *Code Civil,* der die Arbeitskonflikte betraf, sozusagen Wort

für Wort folgendes vorsahen: *»Bei jeder Streitigkeit zwischen Meister und Diener«* – die Sprache wirkt heute etwas altertümlich – *»wird dem Meister auf's Wort geglaubt.«*

Durch die großen Unruhen vom Mai 1968 in Paris wurde die Frage nach dem Sozialismus radikal neu gestellt.

So war es leicht, soziale Konflikte beizulegen. Das also war der Code Civil Frankreichs. Es zeigt, in welchem Ausmaße die Arbeiter in der Frühzeit des Industriekapitalismus ihrer normalen Rechte beraubt waren. Diese mußten sie sich erst in langen sozialen Kämpfen erringen – sei es in harten Schlachten oder in gewissen Ländern durch den Appell an die Einsicht liberaler Regime.

Aus diesem Protest ist der Sozialismus entstanden, dessen Denken um die Idee kreist, daß freier Wettbewerb und Kapitalakkumulation dazu führen, daß ein Teil, ein großer Teil der Arbeit einfach billig bezahlte Ware ist. Daraus leitet sich die Erklärung her, die Marx und andere gaben: Der Unternehmer oder Arbeitgeber beschlagnahmt einen *Mehrwert* auf Kosten des Arbeiters.

Dieser Protest sozialen, man könnte sogar sagen menschlichen Charakters, ist ziemlich rasch abgelöst worden von *Wirtschaftstheorien.* Ich sehe dabei natürlich von den Theoretikern der Utopie ab, die sich einbildeten, daß die Welt zu einer Art großen *»Phalanstères«* gemacht werden könne. Das ist eine sehr schöne Idee, die schon von den Urchristen gehegt wurde, aber das Christentum hat daraus schließlich keine Regel, sondern bloß einen Rat gemacht. Natürlich bedeutet das, daß man den Menschen für fähig hält, seine eigene Natur zu beherrschen – und darauf läßt sich eben keine Gesellschaft gründen.

Für einen Marxismus als Methode

Lassen wir also die utopischen Sozialisten beiseite und kommen wir zu den wichtigeren Erklärungen, besonders denen von Marx. Ich bin nicht Marxist in dem Sinne, daß ich den Marxismus als Philosophie akzeptieren würde. Doch ich halte für mich an vielen Elementen der marxistischen Methodologie fest. Das führt natürlich dazu, daß ich von den *dogmatischen Marxisten* oft abgelehnt werde; wie die Kirche halten sie jene, die die Offenbarung nicht anerkennen, für Ketzer.

»Ich bin nicht Marxist in dem Sinne, daß ich Marxismus als Philosophie akzeptieren würde. Doch ich halte mich an viele Elemente der marxistischen Methodologie.«

Stundenhalt in der sozialen Auseinandersetzung: zwei Clowns unterhalten streikende Arbeiter der Renault-Werke.

Andererseits ist diese Revolution auf der Ebene der Methode und des Verhaltens so bedeutend, daß sie heute eine der beiden Denkrichtungen ist, die die Welt beherrschen. Sie geht den Dingen auf den Grund, um die

Akkumulation des Kapitals schon in ihren Anfängen zu unterbinden, nicht nur im Interesse des lohnabhängigen Arbeiters, sondern auch in dem des kleinen und mittleren Unternehmers.

Diese Erklärung findet sich schon in den ersten Werken von *1847* und *1848*. Der Gedankengang lautet: In Tat und Wahrheit sollte die Arbeiterklasse, die Klasse der Lohnabhängigen, die Klasse derjenigen, die über keine Produktions- und Distributionsmittel verfügen, sogar die Unternehmer mitumfassen, die lediglich Unterlieferanten sind und tatsächlich der Herrschaft der Monopole ausgeliefert sind.

In der heutigen *sowjetischen Gesellschaft,* auch der *chinesischen,* hat man vor totaler Kollektivierung nicht haltgemacht, das heißt, man hat praktisch das vermeintliche Übel ausrotten wollen, womit meines Erachtens zu Unrecht moralische Begriffe in einen rein wirtschaftlichen Sachverhalt hineingetragen wurden. Man hat ausrotten wollen, wie es seinerzeit die Inquisition mit den Ketzern und einigen andern Leuten vorhatte. Ich erinnere mich an mein Gespräch, das ich mit *Mao Tse-tung* 1961 führte – das erste, das ein Franzose mit ihm führte, und das ist nun schon ziemlich lange her. Ich erinnere mich, daß Mao die Erfahrungen der *Volkskommunen* kommentierte. Diese Kommunen waren bekanntlich eine ländliche Einrichtung, und alles in ihnen war gemeinsames Eigentum. Die Bauern besaßen individuell nichts mehr – nicht einmal das eigene Kochgeschirr. Ich erinnere mich, wie Mao Tse-tung sagte:

»Oh, von Zeit zu Zeit muß man die Revolutionen schon revidieren, der Genuß am Besitz des mit dem Arbeitsgerät Erworbenen muß wieder voll zur Geltung kommen.«

Tatsächlich hat, wie bekannt, der Bauer heute wieder ein bißchen Boden, einen Garten und Inventar, über das er frei verfügen kann. Diese Experimente scheinen uns französischen Sozialisten nicht der Natur, dem Charakter und dem sozialen Stand der westeuropäischen Gesellschaft zu entsprechen.

Verstaatlichung – nichts Neues

Was sollen wir tun? In die Klemme gebracht durch einen Kapitalismus, der sich auf den Multinationalismus zu entwickelt und zur Zerstörung der Zwischenstadien, der kleinen, mittleren und sogar großen, aber nicht erstrangigen Unternehmen tendiert, haben *wir* wie viele andere gedacht, daß wir das Problem unserer Gesellschaft so anpacken müssen: wir wollen den Begriff der Freiheit nicht nur auf der Ebene des Unternehmens, das heißt auf der Ebene der Initiative beibehalten, sondern auch auf all jenen Gebieten, die zum Bereich der politischen, wirtschaftlichen und sozialen Demokratie gehören.

»Wir wollen den Begriff der Freiheit nicht nur auf der Ebene des Unternehmens, das heißt auf der Ebene der Initiative beibehalten, sondern auch auf all jenen Gebieten, die zum Bereich der politischen, wirtschaftlichen und sozialen Demokratie gehören.«

Unternehmerfreiheit und freie Initiative gehören zusammen. Freiheit des Besitzens, Freiheit des Behaltens und Freiheit des Entwickelns – das sind schon ganz andere Begriffe.

Arbeiter der Renault-Werke in Paris setzen sich mit ihrem Streik auch für die Beibehaltung der Verstaatlichung ihrer Firma ein.

Man sollte also nicht an die Stelle des kapitalistischen Prozesses treten, sondern in dem Moment eingreifen, wo der kapitalistische Prozeß den Wettbewerb schon aufgehoben hat. Das sind die *Monopole.* Es handelt sich auch nicht darum, alle monopolisierten Branchen zu kollektivisieren oder zu verstaatlichen. Das ist nicht nötig, wo die Monopole für die Gesamtwirtschaft unwichtig sind.

Wenn es aber *keine Konkurrenz* mehr gibt, anders gesagt, wenn es keine Unternehmerfreiheit mehr gibt, weil der kapitalistische Prozeß bis zu diesem Punkt gediehen ist, dann scheint es uns unmöglich, eine einzige Person, eine Familie oder Interessengruppe über einen dominierenden Wirtschaftssektor verfügen zu lassen und ihm damit die Möglichkeit zu geben, die Regierung gehörig unter Druck zu setzen. Nein, solche Machtstellungen müssen der ganzen Nation überlassen werden.

»Wenn es keine Unternehmerfreiheit mehr gibt, weil der kapitalistische Prozeß bis zu diesem Punkt gediehen ist, dann scheint es uns unmöglich, eine einzige Person, eine Familie oder Interessengruppe über einen dominierenden Wirtschaftssektor verfügen zu lassen.«

Die ersten Verstaatlichungen in Frankreich erfolgten sehr früh. Die *Post* wurde unter *Ludwig XI.,* also im 15. Jahrhundert, Staatsmonopol. In neuerer Zeit ist in Frankreich nur zögernd nationalisiert worden. Das geschah nach dem Ersten Weltkrieg mit dem sogenannten feindlichen Eigentum, beispielsweise den *Kalibergwerkgesellschaften* und der *Donauschiffahrt,* die Deutschland bzw. Österreich abgenommen wurden. Dieser Besitz – Kali, Stickstoff und dergleichen – wurde nationalisiert. Dagegen kam es unter der *Volksfrontregierung* von 1936 nur zu einer einzigen Verstaatlichung, der der *Rüstungsindustrie.* Damals begann jedoch die oben entwikkelte Idee Wirklichkeit zu werden: die Rüstungsindustrie war ein Sektor von öffentlichem Interesse, in dem es keinen wirklichen Wettbewerb mehr gab.

Es blieben nur noch ein, zwei, drei große *Militär-* oder *Zivilflugzeugfabrikanten* übrig. Erst nach der Regierung *Léon Blum* wurden die Eisenbahnen verstaatlicht und in der *S.N.C.F.* zusammengefaßt. Darauf folgte wieder eine Pause bis zum Ende des Zweiten Weltkriegs, als die Regierung des Generals *de Gaulle,* in der viele Vertreter der liberalen Gesellschaft saßen, eine ganze Reihe von Branchen kollektivisierte: unter anderem *Gas* und die *Elektrizität, große Versicherungen, große Depositenbanken, die Renault-Autowerke, die Atomindustrie usw.*

Das waren einige der Branchen, von denen unsere Vorgänger, die außer Blum nicht sozialistisch waren, annahmen, es könne in ihnen keinen Wettbewerb mehr geben. Man hatte beispielsweise bei den Eisenbahnen, den Gas- und Elektrizitätswerken, aber auch Havas festgestellt, daß die staatlichen Subventionen so kostspielig waren, daß es besser war, wenn der Staat sie selbst übernahm, sei es in Form einer Mehrheitsbeteiligung, sei es durch Nationalisierung.

Öffentlich – gemischtwirtschaftlich – privatwirtschaftlich

Alle diese Verstaatlichungen erfolgten durchaus in unserem, in sozialistischem Sinn. Sie erfolgten nicht systematisch; das heißt, die Sektoren, wo die Kapitalakkumulation den Wettbewerb noch nicht wirklich ausgeschaltet hatte, wurden nicht nationalisiert, auch jene Sektoren nicht, die zwar monopolisiert, aber gesamtwirtschaftlich nicht wichtig waren.

»In Frankreich wurden die Sektoren, wo die Kapitalakkumulation den Wettbewerb noch nicht wirklich ausgeschaltet hatte, nicht nationalisiert.«

Das gemeinsame Programm der Linken faßt Verstaatlichungen ins Auge, die folgende Industrien betreffen:

Mit der Volksfrontregierung unter Leon Blum (auf dem Bild) wurde 1936 der erste Versuch in Frankreich unternommen, die wirtschaftliche Entwicklung in Frankreich zu steuern.

- den Militärflugzeugbau (der der Nationalisierung von 1936 entging)
- den Computerbau, da es in Frankreich keine einheimische Computerfirma mehr gibt, die international wettbewerbsfähig wäre
- die Pharmaindustrie
- zwei große Gruppen der chemischen Industrie
- praktisch den Lufttransport, da nur noch eine Gesellschaft neben den nationalisierten Luftlinien Air France und France Inter übriggeblieben ist. Diese zieht Nutzen aus den öffentlichen Investitionen auf dem Gebiet der Flughäfen und der Flugsicherheit.
- In mehreren anderen Bereichen sind staatliche Mehrheitsbeteiligungen vorgesehen, so in der Eisenindustrie.

So zeichnet sich ein *Gesellschaftstyp* ab, in dem ein großer öffentlicher, ein gemischtwirtschaftlicher und ein großer privatwirtschaftlicher Sektor koexistieren. Das Problem besteht darin, den Bereich richtig abzugrenzen, innerhalb dessen verstaatlicht werden muß, weil kein freier Wettbewerb mehr besteht oder weil der Staat Gefahr läuft, die Verfügungsgewalt über wesentliche Ressourcen zu verlieren. Deshalb legen die Sozialisten, die französischen jedenfalls, darauf Wert, daß diese Grenzen so genau wie irgend möglich bekanntgemacht werden, damit jedermann weiß, woran er ist:

Welches sind die Sektoren, wo der freie Wettbewerb nicht mehr besteht und wo verstaatlicht werden muß, und welches sind die immer noch immens großen Sektoren, wo die freie Initiative auf der Grundlage der Marktwirtschaft weiterhin für eine Gesellschaft westlichen Typs unerläßlich bleibt?

Denn wir vergessen nicht, daß Frankreich zur *westlichen Welt* gehört und mit dem *Gemeinsamen Markt* verbunden ist. Und selbst wenn wir die Absicht hätten, dieses Europa, auf das wir Wert legen, dem Gehalt nach einmal zu ändern, so würden wir doch von der Notwendigkeit gemeinsamer Institutionen überzeugt bleiben. Wir sind deshalb damit einverstanden, daß dieses Europa einstweilen unseren gesellschaftlichen Vorstellungen nicht zu entsprechen braucht.

Wem nützt die Europäische Gemeinschaft?

Unserer Ansicht nach entsprach der oben geschilderte kapitalistische Prozeß gleich nach dem Krieg sehr genau den Bedürfnissen jenes Europas, das sich auf der Basis der Sechsergemeinschaft zu gruppieren begann. Ich habe persönlich für alle *Europaverträge* gestimmt, außer dem Abkommen über die *Europäische Verteidigungsgemeinschaft* – ich gehörte damals der Regierung *Mendès-France* an. Diese enthielt sich der Stimme – ich bin also für sämtliche wirtschaftlichen und politischen Abkommen einschließlich des *Vertrags von Rom* eingetreten.

»Ich habe persönlich für alle Europaverträge gestimmt, außer für das Abkommen über die Europäische Verteidigungsgemeinschaft.«

Der Entwicklungsstand des kapitalistischen Systems in den Industrieländern entsprach ziemlich genau dem politischen Entwicklungsstadium Europas. Die oben geschilderte Erscheinung, die fortschreitende Ausschaltung der Unternehmerfreiheit auf lokaler, regionaler und manchmal sogar nationaler Ebene konnte sich leicht auf *europäischem Niveau integrieren,* in einer Gemeinschaft von großen und mächtigen Ländern, die zwar noch unter dem Krieg litten, aber durch einen schöpferischen Willen und die Sorge um das Überleben zusammengehalten waren: *Frankreich, Deutschland, Italien, Großbritannien* und unsere Freunde, die *Benelux-Länder.*

Diese Entwicklung kam auch den Wünschen Amerikas und den ersten multinationalen Gesellschaften entgegen. Die flächenmäßige Größe Europas, die Zahl seiner Einwohner stellten einen hinreichend großen Markt dar, um großzügige und machtvolle Perspektiven für die kapitalistische Entwicklung darzubieten. Das entstehende Europa entsprach den Dimensionen des Kapitalismus.

»Heute aber ist sogar der Gemeinsame Markt der neun Länder zu klein für die Pläne des multinationalen Kapitalismus.«

Heute aber ist sogar der Gemeinsame Markt der neun Länder zu klein für die Pläne des multinationalen Kapitalismus. Um dies zu verstehen genügt es, die *amerikanische, englische, deutsche* oder *holländische* Fachpresse zu lesen. Der Großkapitalismus betrachtet den Gemeinsamen Markt als Hindernis, und besonders die Vereinigten Staaten tun dies. Der Gemeinsame Markt und der gemeinsame Agrarmarkt sind in Tat und Wahrheit die einzige wirkliche Errungenschaft jenes Europas, das aufzubauen wir solche Mühe haben.

Europa ist ins Kraftfeld der Weltpolitik geraten. Am 16. September 1975 überreicht der Botschafter aus Volkschina dem Präsidenten der EG-Kommission, Xaver Ortoli, das Beglaubigungsschreiben in Brüssel.

Dieses Europa hätte zerschlagen werden sollen. Man versuchte es. Das war der Zweck der *Nixon-Runde.* Die Nixon-Runde hat sich wegen der Ölkrise als unnötig erwiesen. Man glaube nicht, daß die großen amerikanischen Gesellschaften an dieser Krise unbeteiligt gewesen seien. Sie haben nie solche Gewinne gemacht wie 1974 – man schlage dies in ihren Jahresberichten nach! Das agrarische Europa hatte die Nixon-Runde nicht mehr nötig, um kümmerlich dahinzuvegetieren.

Nun hat sich die Ölkrise stabilisiert, und man spricht wieder von der Nixon-Runde. Weshalb? Weil der multinationale Kapitalismus keine Verwendung hat für eine *Schutzzone* mit Vorzugszöllen und Zollunion, die über 220 Millionen Einwohner zählt und damit im Welthandel den ersten Rang einnimmt – eben den Gemeinsamen Markt der Neun. Was für eine Gefahr für die kapitalistische Welt!

Man muß wissen, daß in den letzten zwanzig, fünfundzwanzig Jahren die Konzentrationsbewegung zwischen den nationalen Industrien, der belgischen, italienischen, französischen usw. einerseits, und den amerikanischen Multinationalen andererseits unendlich ausgeprägter war als zwischen den europäischen Gesellschaften unter sich. Mit andern Worten: das Europa des Gemeinsamen Marktes ist auf seinem ureigensten Gebiet, dem der industriellen Konzentration *gescheitert,* eben deshalb, weil der freie Waren- und Leistungsaustausch das Gesetz des Kapitalismus ist.

Man tauscht heute schon mit den kommunistischen Ländern, und nicht wenig. Man tauscht mit der Dritten Welt. Europa ist eine zum Mißerfolg verurteilte politische Konstruktion, es vertritt ein überholtes Stadium der Entwicklung der kapitalistischen Weltwirtschaft.

Deshalb will ich wiederholen, daß das Europa, an das ich glaube, sozialistisch sein wird – oder es wird überhaupt nicht sein.

Zum 24. Brennpunkte-Forum trafen sich in Baden/Schweiz (von links nach rechts): Erwin Bielinski, General Manager, Brown Boveri International, Baden, Prof. Dr. Klaus M. Schwab, Präsident, European Management Forum, Genf, Rudolf Brun, Redaktor »Brennpunkte«, Rüschlikon, und Prof. Dr. Emil Küng, Professor für Volkswirtschaftslehre, Hochschule St. Gallen.

Ein Westeuropa der Dienstleistung?

Brennpunkte

Herr Bielinski, wie sehen Sie die Zukunft der europäischen Industrie?

Erwin Bielinski

Die Probleme, die auf uns zukommen, werden schwieriger. Das veranlaßt uns nicht zu einer pessimistischen Grundhaltung. Die Diskussion über das industrielle Wachstum zwingt uns, Überlegungen anzustellen, wie man ohne die gewohnten Wachstumsraten ein Unternehmen konkurrenzfähig, letzten Endes erfolgreich führen und entwickeln kann.

Unser erster Versuch besteht natürlich darin, das fehlende Wachstum in Europa selbst über Exporte auszugleichen. Wir gehen in Märkte, in denen wir bis jetzt nicht so aktiv waren. Produktesektoren, die wir vielleicht weniger gepflegt haben, werden neu betrachtet, um die darin liegenden Geschäftschancen zu überprüfen. Dies läuft auf allmähliche, neue Absatzmöglichkeiten hinaus.

Neben unserer täglichen planerischen Aktivität machen wir uns auch Gedanken, wie es um das Gesamtwachstum in der Welt steht. Die Diskussionen des »Club of Rome« beschäftigen uns. Doch in erster Linie versuchen wir, in pragmatischer Weise die bestehenden Möglichkeiten – zuerst unabhängig von den großen Zusammenhängen – auszunutzen. Primitiv gesagt heißt das, daß, wenn das Wachstum beschränkt ist, wir besser sein müssen als andere und daß wir diesen etwas vom Kuchen wegstehlen müssen, das wir bis jetzt nicht hatten...

Erwin Bielinski
Dipl.-Ing., Chef der Konzerngruppe Brown Boveri International BBC AG
Brown Boveri & Cie. Baden

Wir sind aber nicht so kurzsichtig, daß wir die größeren Zusammenhänge nicht überdenken und nicht versuchen, uns darauf vorzubereiten. Doch unmittelbar müssen wir weiterleben, das Gedeihen der Firma sicherstellen, die Arbeitsplätze sicherstellen, soweit dies möglich ist.

Was die Zukunft betrifft, so sind wir, die in der Praxis stehen, etwas skeptisch gegenüber allzu drastischen Vorhersagen. Es ist vielleicht gefährlich, das so auszudrücken. Wir halten dies in einer ersten Abschätzung für ein offenes Problem. Man sagt, daß es nicht mehr so kommen wird, wie es in der Vergangenheit war. Allerdings so, wie es in gewissen Kreisen vorausgesehen wird, glauben wir auch nicht, daß es eintreffen wird.

Es gibt weite Bereiche in Regionen und Ländern, in denen ein großer Mangel an Investitionsgütern und anderen Gütern vorhanden ist. Wenn Sie das von einem Unternehmen aus betrachten, so ist Ihre erste Verantwortung und Ihr erstes Ziel, diese Möglichkeiten auszunützen.

Emil Küng

Ich kann Ihnen insofern beistimmen, als die Unternehmen realistischerweise mit einer nachlassenden Wachstumsrate rechnen müssen, und zwar nicht nur kurzfristig, sondern auf längere Frist. Wenn wir zum Beispiel minus sieben Prozent im vergangenen Jahr zu verzeichnen hatten, und wenn sich aber im folgenden Jahr sieben Prozent ergeben, dann beträgt der Durchschnittszuwachs immer noch Null!

Diese niedrigen Wachstumsraten gehen einher mit einem intensiven Wettbewerb, weil die Expansionschancen nicht mehr so groß sind (abgesehen von den Erdölländern). Es kommt zu einer Komprimierung der Gewinnspanne. Das Investitionspotential aus eigener Kraft dürfte nicht mehr so groß sein. Man spricht von einer »Flucht in den Export«.

Das ist an sich naheliegend – nicht aber für die Schweiz. Denn hier haben wir im Vergleich zur Vergangenheit eine Aufwertungsquote von fast 60 Prozent. Export ist hier also ziemlich risikoreich. Mangel an Investitionsgütern in Entwicklungsländern gibt es unzweifelhaft. Der Bedarf dieser Länder, inklusive jener der osteuropäischen Staaten, ist riesenhaft.

Versuchen Sie jedoch einmal mit einem riesigen Durst in ein Restaurant zu gehen, ohne das Portemonnaie mitzunehmen! Ihr Bedarf mag zwar vorhanden und noch so groß sein. Doch das nützt Ihnen nichts, wenn Sie nicht über die erforderliche Kaufkraft verfügen. Hier liegt der Engpaß in den Entwicklungsländern.

Klaus Schwab

Prof. Dr. Dr. Klaus M. Schwab
Universität Genf und Präsident European Management Forum Cologny – Genf

Wir müssen uns vor Augen halten, daß es heute zwei verschiedene Kategorien, sowohl bei den Industrieländern wie bei den Entwicklungsländern gibt. Diese Verschiedenheit erfordert ganz verschiedene Modelle für die Industriepolitik. Zwischen diesen Kategorien sind auch verschiedene Formen der Zusammenarbeit notwendig.

Bei den Industriestaaten unterscheidet man zwischen jenen, die Rohstoffe haben und solchen, die keine Rohstoffe haben. Die Schweiz fällt zum Beispiel in die zweite Kategorie und hat daher langfristig andere Probleme als Australien und Kanada. Bei den Entwicklungsländern können wir die gleiche Unterscheidung vornehmen. Es gibt Länder, die Rohstoffe haben. In diesen Ländern sind der Bedarf *und* das Kapital auf eine gewisse Zeit vorhanden. Das Kapital erlaubt, den Bedarf zu decken. Die Entwicklungsländer ohne Rohstoffe hingegen stehen unter einem Schuldendruck. Hier entstehen die Probleme, die uns in der Investitions- beziehungsweise Exportanstrengung ganz besonders berühren werden.

Brennpunkte

Herr Bielinski, Sie sagen: »Zielsetzung Wachstum. Wenn Wachstum nicht mehr so leicht möglich ist wie bisher, versucht man es durch Export in Richtung Weltmarkt zu erreichen.«

Erwin Bielinski

Ich möchte präzisieren. Ich habe gesagt: Erhalten, und womöglich wachsen... Ich möchte von relativem Wachstum sprechen. Wir versuchen für unser Unternehmen sein Gedeihen sicherzustellen, durch Erhaltung des Erreichten und durch Wachstum, wie immer Wachstum im Gesamten sein mag.

Brennpunkte

Sie würden also der Unternehmenssicherung die Priorität einräumen?

Erwin Bielinski

Wir müssen unsere Positionen konsolidieren. Wir müssen die relativen Wachstumsmöglichkeiten ausnützen und das selektiver tun. Das sind Aspekte, die wir früher weniger beachtet haben.

Klaus Schwab

Früher gab es den Spruch, der gerade bei Unternehmensplanern erwähnt wurde: »Stillstand ist Untergang«. Würden Sie, Herr Bielinski, dementsprechend sagen, daß dieser Spruch heute nicht mehr gilt?

Erwin Bielinski

Er ist differenzierter anzuwenden. Stillstand bedeutet ja nicht nur Nicht-Wachsen. Stillstand heißt auch, wenn man nicht qualitativ wächst. Es gibt verschiedene Möglichkeiten, ein Unternehmen in seiner Substanz zu erhalten. Man kann die Dinge verbessern, ohne sie notwendigerweise größer zu machen. Dazu sind wir heute gezwungen.

Emil Küng

Prof. Dr. Emil Küng
Professor für Volkswirtschaftslehre
Hochschule St. Gallen

In den Industrieländern ist nicht damit zu rechnen, daß selbst im Höhepunkt des kommenden Aufschwungs die Arbeitslosigkeit völlig beseitigt werden wird. Ein Rest von Arbeitslosigkeit wird bleiben. Darüber ist man sich im Kreis der OECD völlig einig. Das ist höchst unerwünscht. Es hängt natürlich damit zusammen, daß die Inflationsprobleme längst nicht endgültig gelöst sind. In der »Vierten Welt«, also in den rohstoffarmen Entwicklungsländern, gibt es eine weitverbreitete Armut, eine Bevölkerungsexplosion mit Raten von 2–3 Prozent im Jahr, einen Mangel an Investitionsgütern.

Hier möchte ich ein Modell vorschlagen: Könnte man nun diese beiden Aspekte nicht miteinander verkoppeln, indem man den Bedürftigen Kaufkraft zur Verfügung stellen würde? Dabei könnten wir sicher sein, daß diese Kaufkraft auch verwendet würde, und zwar für den Bezug von Gütern aus den Industrieländern. Als Effekt ergäbe sich folgendes: Dort käme es zu einer Milderung der Armut und der Anzahl von Arbeitslosen (200–300 Millionen), hier hätten wir eine Belebung der Produktionstätigkeit, eine Hebung des Beschäftigungsgrades, bis zu dem Punkt, an dem das Potential an Arbeitswilligen annähernd voll ausgelastet sein wird.

Es würde ein Güterstrom vom reichen Norden in den armen Süden fließen, der die Industrieländer belasten würde. Doch diese Last wäre minimal, solange der Vollbeschäftigungszustand noch nicht erreicht ist. Mir scheint, daß Beschäftigungspolitik hier, Armutsbekämpfung dort, miteinander kombiniert werden könnten, wenn es gelingen würde, die Entwicklungsländer

Wenn die Wachstumsraten sinken, müssen neue Möglichkeiten erschlossen werden. Dabei spielt die Umwelttechnologie eine nicht unwesentliche Rolle. Auf dem Bild eine Kläranlage.

mit Kaufkraft zu versehen. Diese Kaufkraft sollte nicht zuerst dem Steuerzahler in den Industrieländern abgeknöpft, sondern zusätzlich geschaffen werden. Dabei läßt sich an Sonderziehungsrechte des Internationalen Währungsfonds denken, die gratis zur Verfügung gestellt würden.

Klaus Schwab

Dieser Vorschlag ist sachlich gut. Die Frage ist, wie wird die Reaktion der Entwicklungsländer im heutigen politisch-psychologischen Klima sein? Wollen diese als Geschenkempfänger dastehen? Würden Entwicklungsländer nicht argumentieren, daß eine Gesamtlösung gefunden werden muß, die nicht Geschenkcharakter hat (was bei den Sonderziehungsrechten der Fall wäre)? Diese Lösung würde also auch Komponenten beinhalten wie Stabilisierung, Indexierung und Erhöhung der Rohstoffpreise.

Emil Küng

Geschenke werden viel eher entgegengenommen als etwa Kredite... Ich glaube nicht, daß man sich gegen Geschenke sträuben würde. Im Gegenteil, man ist sogar erpicht, Kredite vom Euro-Markt zu bekommen, die hoch verzinslich sind. Bei den Sonderziehungsrechten, wie sie heute existieren, sind auch Zinsen, in der Größenordnung von zur Zeit etwa 4 Prozent, zu zahlen. Ganz kostenlos ist die Sache also nicht... im Vergleich aber zur Inflationsrate handelt es sich um ein niedriges Zinsniveau. Die Empfänger der Gelder würden sich zu dieser Lösung gratulieren. Davon bin ich überzeugt.

Weit weniger überzeugt bin ich vom Vorschlag, den die Entwicklungsländer selber machen. Sie wollen die Preise ihrer Exportindustrie – Rohstoffe, Nahrungsmittel – mit der Entwicklung der Preise der industriellen Fertigfabrikate verbinden (Indexierung). Das scheint mir ähnlich falsch oder schlimm zu sein, wie die Einkommensparität innerhalb eines Landes, die der Landwirtschaft im Vergleich zu den Reallöhnen der Industriearbeiter zugestanden wird. Das Ergebnis wäre genau gleich katastrophal wie das Ergebnis der Agrarpolitik der EG.

Nord und Süd sind auf einen Güterstrom angewiesen: werden großtechnologische Anlagen. . .

Die europäischen Industrieländer haben alles Interesse, die Kaufkraft der Länder der Dritten Welt zu stärken. In welcher Weise man das tut, muß im Zusammenhang einer gesunden Entwicklung dieser Länder gesehen werden. Im Vordergrund stehen die Erziehung, die Schulung, die Übertragung von Know-how.

Erwin Bielinski

Ich kann mir auch eine Symbiose zwischen Übertragung von Know-how, Dezentralisierung von bestimmten Produktionen und Zurverfügungstellung von finanziellen Mitteln vorstellen. Dies würde im Interesse der europäischen Länder liegen. Inwieweit man die Kaufkraft in unseren Ländern dadurch abschöpfen soll, ist eine komplexe Frage. Jedenfalls würde dies nicht aus philanthropischen Gründen geschehen, sondern im Hinblick auf Erhaltung unserer industriellen Substanz

. . . die traditionellen Methoden in den Ländern der Dritten Welt bald ersetzen?

und ihrer Weiterentwicklung, vielleicht im Sinne eines beschränkten Wachstums.

Von dem, was man heute sieht, muß man sagen, daß die reinen finanziellen Unterstützungsbeiträge nicht die Resultate gebracht haben, die man erwartet hatte. Man muß neue Initiativen ergreifen. Das ist schwierig, weil die Entwicklungsländer dies sofort als eine Einmischung in ihre eigenen Angelegenheiten empfinden. Wir müßten eine Form der Zusammenarbeit finden, bei der eine gemeinsame Willensbildung über das, was im Interesse beider Seiten getan werden sollte, zustande kommt.

Brennpunkte

Nähert sich der westeuropäische Markt, wenn wir das so pauschal ausdrücken wollen, der Sättigung? Das würde bedeuten, daß nur Ersatzbedürfnisse befriedigt werden können. Ergo muß man andere Märkte suchen.

Erwin Bielinski

Ich bin der Meinung, daß das Problem des erstrebenswerten materiellen Lebensniveaus ein echtes ist. Ich will mich hier nicht aufs Glatteis begeben. Wenn Sie mich aber persönlich fragen, würde ich sagen, es besteht wenig Grund, im Schnitt, den Lebensstandard in den westlichen Ländern wesentlich zu erhöhen, sofern dies zu gefährlichen Ungleichgewichten führt.

Brennpunkte

Herr Küng, würden Sie den Rahmen auch so sehen: Hier in Westeuropa nähern wir uns einer Stabilisierung des Lebensstandards, während wir, zum Beispiel gemäß Ihrem Modell, die Industrialisierung der Dritten Welt fördern würden?

Emil Küng

Die Hilfe bemißt sich nach dem Abstand zwischen der tatsächlichen Ausnützung der Produktionskapazität der Industrieländer und dem Potential. Diese Distanz steht zur Verfügung für ein Mehr an Produktion, die den Entwicklungsländern zur Verfügung gestellt werden könnte, ohne daß die Industrieländer eine Einbuße, ein wirkliches Opfer zu erleiden hätten. Man darf aber nicht darüber hinausgehen und bei uns die Inflation anheizen, indem man das Vollbeschäftigungsniveau überschritte.

Fazit: Linderung der Armut, ohne daß die Reichen wirklich Opfer zu bringen hätten. Es gäbe sogar eine Einsparung bei der Arbeitslosenunterstützung. Die durch die Arbeitslosigkeit hervorgerufenen Sozialen Kosten könnten gemindert werden. Es könnte zu geringeren Defiziten bei den Staatshaushalten kommen, weil die Konjunkturankurbelung überflüssig würde.

Concorde – ein Name für ein Projekt, das Frankreich und England Arbeitsplätze und Wachstum garantieren soll.

Brennpunkte

Entwerfen Sie hier nicht das Bild einer »prästabilisierten Harmonie«?

Emil Küng

Nein! Man kann das Ganze konjunkturpolitisch aufziehen und sagen: »Wenn Konjunktur in den Industrieländern sinkt, füllen wir das Tal durch vermehrte Entwicklungshilfe«. Das wäre kurzfristig und würde ein, zwei oder drei Jahre dauern. Doch den Entwicklungsländern würde es nicht allzuviel bringen, weil es nach einiger Zeit abgebrochen werden müßte. Instabile Entwicklungshilfe ist mangelhafte Entwicklungshilfe.

Mir geht es aber darum, daß wahrscheinlich die nächsten 10–20 Jahre mit einem Bodensatz von Arbeitslosigkeit gerechnet werden muß. Das ist der Grund, daß auf die Dauer ein Güterstrom in den armen Süden geleitet werden könnte.

Klaus Schwab

Es geht aber nicht nur um den Export von Investitionsgütern. Es geht auch um den Technologie-Transfer. Könnte man sich nicht ein Schema vorstellen, nach dem Gelder, die hier durch Sonderziehungsrechte geschaffen werden, in der Form von »joint ventures« angelegt werden, damit diese Gelder optimal eingesetzt werden können. Es würden also nicht nur Exporte finanziert, sondern auch Auslandsinvestitionen, die an bestimmte Bedingungen geknüpft sind. So könnte sich der ausländische Investor zum Beispiel verpflichten, sich nach zehn Jahren zurückzuziehen.

Wird die Arbeit dieses Spenglers in einer Schweizer Fabrik bald nur noch in »Niedriglohnländern« verrichtet werden?

Wenn wir davon ausgehen, daß innerhalb Europas die Wachstumsmöglichkeiten begrenzt sind – wenn wir gleichzeitig die Industrialisierung der Entwicklungsländer vorantreiben –, wenn wir das noch forciert tun, um die Arbeitslosigkeit abzubauen, so könnte sich eine Ge-

genentwicklung einstellen. Es ist langfristig mit einem vermehrten Konkurrenzdruck von seiten der Entwicklungsländer zu rechnen. Der Kuchen, der zu verteilen ist, wird für Europa immer kleiner werden.

Brennpunkte

Wir helfen also diesen Ländern, um – langfristig – uns selbst Konkurrenz zu machen?

Klaus Schwab

Ja! Kurzfristig lösen wir zwar das Problem der Arbeitslosigkeit, aber langfristig erzeugen wir vielleicht noch ein größeres Problem.

Emil Küng

Ich kann mir vorstellen, daß eine Tochter der Weltbank, nämlich die »International Finance Corporation« ebenfalls zusätzliche Mittel zur Verfügung stellt. Dies könnte mit dem Zweck geschehen, daß private Unternehmen in der Dritten Welt unterstützt würden, bis zu dem Punkt, da sie selbsttragend sind.

Technologie-Transfer ist eine äußerst schwierige Angelegenheit. Bisher war es so, daß die Vertreter der Entwicklungsländer die modernste Technologie haben wollten. Stahlwerke als Statussymbol! Einkäufer sind Ingenieure, die an Technischen Hochschulen bei uns ausgebildet wurden. Die Mentalität dieser Leute kennzeichnet sich dadurch, daß sie immer nur das Beste, das Vollkommenste haben möchten, unabhängig von den Kosten. Das ist die Denkweise der Ingenieure. Damit muß man rechnen.

So wird eine Technologie importiert, die den Faktor-Proportionen in den Entwicklungsländern nicht entspricht. Wir haben ein Übermaß im Angebot unqualifizierter Arbeitskräfte und eine Knappheit an Kapitalien. Der Technologie-Transfer, wie er sich heute abspielt, wirkt sich insofern zum Nachteil der Entwicklungsländer selber aus, als das Beschäftigungsproblem nicht gelöst wird. Es wird unter Umständen sogar noch verschlimmert!

Es sollten daher mittlere, arbeitsintensive Technologien transferiert werden, die zum Teil noch gar nicht vorhanden sind. Hier sehe ich einige Möglichkeiten der Forschung und Entwicklung in den Industrieländern, die über das entsprechende Potential verfügen.

Ich kann in gar keiner Weise anerkennen, daß wir durch eine solche Politik für später Konkurrenten schaffen, die unsere Beschäftigungsmöglichkeiten beeinträchtigen. Wenn es uns gelingt, an der Spitze der Entwicklung zu bleiben, einen technologischen Vorsprung zu behalten, dann wird es auch möglich sein, Arbeitsmöglichkeiten zu bewahren – vorausgesetzt, wir bleiben an der Spitze. Da sollten wir uns eben anstrengen.

Klaus Schwab

Ich glaube nicht, daß man diese Aussagen global machen kann, Herr Küng. Untersucht man aber einzelne Sektoren, so werden Ihre Argumente sicher für einige Branchen zutreffen, beziehungsweise bereits zugetroffen haben.

Emil Küng

Kein Zweifel! Dann soll man sich eben lösen von jenen Branchen, die keine technologische Überlegenheit an den Tag legen können. Ich habe zur Zeit der Überbeschäftigung immer und immer wieder gepredigt: »Zieht doch Euch zurück aus den Richtungen, die auf lange Sicht gefährdet sind. Zieht Euch zurück zu einem Zeitpunkt, da es keine Schwierigkeiten bereitet umzuschalten!« Ich habe tauben Ohren gepredigt.

Erwin Bielinski

Mich fasziniert bei diesem Gespräch ein Gedanke: Die Diskussion darüber, was wir den Entwicklungsländern an Unterstützung zu liefern hätten, läuft darauf hinaus – so kommt es mir vor –, daß wir einfach diesen Ländern helfen, das Gleiche zu tun, was wir getan haben. Was steht am Ende dieser Entwicklung? Irgendwo fehlt hier ein Gesamtkonzept. Man steht am Anfang einer Entwicklung, die man 50 Jahre später als völlig falsch bezeichnen könnte.

Brennpunkte

Nehmen wir nicht eine Phasenverschiebung in der Lösung der Probleme vor? Wollen wir Zeit gewinnen, indem wir mithelfen, die Dritte Welt zu entwickeln, um nachher vor zwei Problemen zu stehen: Nämlich den Problemen, die wir jetzt schon haben, und jenen, die wir dort geschaffen haben werden?

Klaus Schwab

Liegt die Alternative nicht darin, daß wir heute andere Wertvorstellungen brauchen? Wenn wir die ökonomischen Probleme mit den bisherigen Wertvorstellungen lösen wollen, so scheint ein Ausweg die zentrale Planung zu sein. Das ist aber ein Weg, den wir uns nicht wünschen.

Also stellt sich die Frage nach der Änderung der Wertvorstellungen. Können wir anstelle unserer prioritär-materiellen Zielsetzungen etwas setzen, das uns genau so ausfüllt und das uns genau so befriedigt? Diese Umstellung auf nicht nur materielle Ziele sollte die Nebenwirkung haben, daß die Entwicklungsländer ebenfalls von ihrer starren Fixierung auf Industrialisierung abrücken und zu Formen Zugang finden, die den Notwendigkeiten dieser Länder viel eher Rechnung tragen.

Was sind nun solche Wertvorstellungen? Ist die Verlagerung vom Quantitativen zum Qualitativen überhaupt möglich? Ich selber würde sagen: langfristig ja. In eine solche geänderte Wertvorstellung gehört auch, daß wir uns nicht nur einer wirtschaftlichen, sondern auch einer sozialen Verantwortung gegenüber den Entwicklungsländern bewußt sein müssen.

Keine Idee ist ausgefallen genug, um sie nicht in eine neue Dienstleistung umzusetzen.

Die europäische Industrie wird sich in weiten Sektoren auf eine Dienstleistungsindustrie hin bewegen müssen. Bei Dienstleistungen spielen qualitative Werte eine besonders wichtige Rolle. Vielleicht ist dies auch ein Ansporn, aus der einseitigen Situation herauszukommen. Oder ist das zu sehr träumerisch, zu irrealistisch?

Brennpunkte

Sie sehen sozusagen ein »Europa der Dienstleistung?«

Klaus Schwab

Ja. Wir entwickeln uns in diese Richtung.

Erwin Bielinski

Mir bereitet das Wort »andere Wertvorstellungen« eine gewisse Sorge. Wenn Sie sagen würden »ergänzende Wertvorstellungen« oder »gewisse Korrekturen, die notwendig sind«, dann tönt das für mich wesentlich beruhigender – nicht weil ich persönlich eine geistige Revolution befürchte. Aber wir bringen das Positive an der bisherigen Entwicklung in Gefahr, wenn wir bestehende Wertvorstellungen zu sehr in Zweifel ziehen.

Man muß sich die Auswirkungen anderer Wertvorstellungen auf das ganze System in Ruhe überlegen und abschätzen, ob eine solche Umstellung das, was wir eigentlich wollen, nämlich ein wachsendes Gleichgewicht zwischen Industrie- und Entwicklungsländern, wirklich fördert.

Die Frage nach den Werten von einem Außenseiter beantwortet.

Für mich ist es einfach nicht erwiesen, daß die Wertvorstellungen von heute falsch sind. Sie scheinen mir unvollständig und in gewissen Akzenten zu einseitig.

Betrachten Sie England: Die Tätigkeit in der Industrie hat wenig »Standing«. Dort sind die Wertbegriffe historisch anders gewachsen. Wohin das dieses Land geführt hat – in zu einfacher Weise ausgedrückt – zeigt die wirtschaftliche Situation.

Emil Küng

Ist England nicht ein Sonderfall? Bei den kontinental-europäischen Wirtschaften trat etwas anderes als Problem in Erscheinung, nämlich die übermäßige Konzentration der Energie und Interessen auf die Wirtschaft, auf die Produktivitätssteigerung. Es kam zum Beispiel zur »vaterlosen Gesellschaft«: Der Manager nahm seine Akten nach Hause, er vernachlässigte seine Familie, die Kinder wurden drogensüchtig. Der Wohlstand wurde immer höher, aber mit dem Wohlstand allein werden die Leute nicht selig.

Erwin Bielinski

Besteht hier ein kausaler Zusammenhang? Werden die Leute immer unglücklicher, wenn der Wohlstand steigt?

Emil Küng

Mit wachsendem Wohlstand empfanden zunehmend Gruppen von Jugendlichen Wohlstandsüberdruß.

Erwin Bielinski

Es ist nicht erwiesen, daß es Wohlstandsüberdruß ist. Vielleicht ist es der Mangel an etwas, was sich nicht entwickelt hat.

Emil Küng

Eben!

Erwin Bielinski

Da ist nicht notwendigerweise der Wohlstand schuld!

Emil Küng

Wenn die Väter bei ihrem Drang, immer weiter auf der Pyramide zu klettern, immer mehr zu verdienen, immer mehr Macht zu erlangen, ihre eigene geistige Entwicklung nicht förderten, sondern alle ihre Kraft darauf verwendeten, wirtschaftlich voranzukommen, dann waren sie den bohrenden Fragen nicht mehr gewachsen, die die Nachkommen in bezug auf Wertvorstellungen stellten. Die Väter konnten nur erklären:

»Tut das, was wir getan haben!« Doch das zählte nicht mehr. Es herrschte ein Vakuum bei den überzeugungsfähigen Wertvorstellungen.

Brennpunkte

Herr Schwab, wenn alle – bildlich gesprochen – am Bürotisch sitzen, wovon lebt diese Gesellschaft?

Klaus Schwab

Man kann nicht davon ausgehen, daß alle am Schreibtisch sitzen. Es ist nicht möglich, Forschung und Entwicklung von der Produktion zu trennen. Man braucht beides: Dienstleistung plus Konzentration auf solche Produktionen, in denen Europa gewisse Standortvorteile bietet.

Geht man davon aus, daß die technische Entwicklung auch in den kommenden Jahren weitergeht, so werden auf der einen Seite Produktionen in die Entwicklungsländer abgegeben, während auf der anderen Seite Produktionen hinzuwachsen. Daher glaube ich, daß wir zwar bei unserer Dienstleistung ein Stückchen weitergehen werden, aber nicht bis zu 100 Prozent!

Brennpunkte

Herr Bielinski, wie sehen Sie diesen Trend zur Dienstleistungsgesellschaft von Ihrer Firma aus? Macht das Ihnen Angst?

Erwin Bielinski

Wenn Sie in der Praxis eines Unternehmens stehen, nehmen Sie eine abwartende Haltung ein. Diese Tendenz eines Europas der Dienstleistung, know-how-Export undsoweiter beruht auf Überlegungen, die intellektuell interessieren, die aber keine direkte Bedeutung für unsere Meinungsbildung haben. Das ist etwas hart ausgedrückt. Wir orientieren uns nicht an solchen Vorstellungen, weil sie über unseren Rahmen hinausgehen. Was käme heraus, wenn wir uns auf solche Vorstellungen direkt ausrichten würden?

Emil Küng

»Think Tanks!«

Erwin Bielinski

Gewiß... Ich bin aber überzeugt, daß die Unternehmung innert kürzester Frist in Schwierigkeiten kommen würde.

Klaus Schwab

Sind Sie mit Ihrer Firma nicht in einer besonderen Situation, weil Sie als Unternehmen bereits ein »Think Tank« sind? Wenn Sie einem Textilunternehmen angehören würden, würden Sie wahrscheinlich anders argumentieren.

Erwin Bielinski

Das ist möglich. Ich bleibe im Rahmen unserer Unternehmung. Natürlich machen wir in unserer langfristigen Planung Gedanken über diese Dinge. Doch ich muß nüchtern feststellen, daß die Auswirkungen auf das, was wir in der Praxis tun, noch relativ beschränkt sind.

Das hängt wahrscheinlich damit zusammen, daß ein Unternehmen sich mit den unmittelbaren Gegebenheiten auseinanderzusetzen hat. Es kann Weichenstellungen vornehmen; es ist aber immer gebunden durch die Gegenwart. Abrupte Umstellungen auf ganz andere Bahnen sind praktisch nicht möglich.

Die Welt wird immer kleiner für das große Geschäft.

Brennpunkte

Nehmen wir den Fall Ihrer Firma, Herr Bielinski: Die Schweiz ist schon längst zu klein geworden. Man produzierte auf europäischer Ebene. Heute spricht man vom Weltmarkt. Das bedingt eine größere Konzentration der Mittel, größere Rationalisierung, größere Produktionseinheiten. Gibt es da eine Grenze? Oder wird eines Tages Europa zu klein? Sie werden sozusagen ein Weltmarktunternehmen.

Emil Küng

Ist das nicht eine Fehlvorstellung? Für charakteristische Investitionsgüter gibt es überhaupt nur den Weltmarkt. Nationale, sogar kontinentale Märkte sind viel zu klein.

Erwin Bielinski

Daß Europa für gewisse Unternehmungen zu klein wird, ist schon längst geschehen. Für Energieerzeugungsanlagen zum Beispiel kann Europa die vorhandene Produktionskapazität bei weitem nicht absorbieren.

Brennpunkte

Dann muß man feststellen, daß Europa von nichteuropäischen Märkten leben muß.

Erwin Bielinski

Auf alle Fälle, aber möglichst in einem gesamtwirtschaftlichen Ausgleich.

Brennpunkte

Was geschieht, wenn der Weltmarkt gesättigt ist? Ist das utopisch zu fragen?

Erwin Bielinski

Das ist keine Frage, im Moment. Heute stehen z. B. im Sektor der Energieerzeugung der Entwicklung Hindernisse entgegen, die durch den Umweltschutz bedingt sind. Es würde mich gar nicht überraschen, wenn in 2–3 Jahren wieder ein Energieboom käme.

Klaus Schwab

Ich möchte das Beispiel vom Energiesektor aufgreifen: Die politische Konstellation der Energiepreiserhöhung, dann Investitionen, dann Überkapazitäten, jetzt Reaktion auf diese Überkapazitäten. Besteht die Aufgabe einer Unternehmensführung nicht darin, die Fähigkeit zu entwickeln, in diesem Strukturwettbewerb zu bestehen?

Wie lange kann Europa noch Autos exportieren? (Auf dem Bild ein Schnappschuß aus Cardiff).

Diejenige Unternehmensführung, die am ehesten diese Strukturänderungen einschätzen kann, wird am meisten Erfolg haben. Sieht man den Erfolg Ihres Unternehmens an, Herr Bielinski, so untertreiben Sie wahrscheinlich, wenn Sie sagen, Sie würden oft reaktiv handeln. Viele Entscheide, die Sie getroffen haben, deuten eher auf ein aktives Handeln.

Erwin Bielinski

Wir handeln dort, wo wir können, wir sind dort reaktiv, wo uns Grenzen gesetzt sind. Es gibt größere Zusammenhänge, in denen wir als Unternehmen nicht in der Lage sind, direkt etwas zu tun.

Betrachten Sie einmal die osteuropäischen Länder: Sie versuchen, in den Export hineinzukommen. Sie treten als Anbieter von Kraftwerken auf. Sie haben sich offensichtlich in ihrer Betrachtung der Entwicklung auch auf ganz pragmatische Erkenntnisse ausgerichtet. Sie bauen Kapazitäten aus und versuchen auf den Weltmärkten zu verkaufen.

Herr Schwab, es ist richtig, was Sie sagen: Das Problem der Energieerzeugung wird genau beobachtet. Wir überlegen, welche anderen Gebiete wir entwickeln müssen. Wir wirken den bestehenden Gefahren entgegen. Diese sind schon da, wenn es nur einige Jahre schlecht geht, weil wenig Kraftwerke gebaut werden.

Wir versuchen, Kompensationen zu schaffen. Ob diese im Bereich der Investitionsgüter, der Konsumgüter oder der Dienstleistungen liegen, hängt von den Umständen ab. Da sind wir begrenzt in unseren Anpassungsmöglichkeiten. Es ist ein ständiger Ausgleich im Gang, der kürzer- und längerfristige Aspekte hat.

Management ist nicht nur eine Wissenschaft. Es gehört die Fähigkeit zum Durchfühlen und zur Gewichtung aller wirksamen Kräfte dazu. Daraus ein einfaches, klares Konzept zu machen, ist nicht so einfach. Am Willen dazu fehlt es nicht, auch nicht daran, unsere Aktivitäten in größere Zusammenhänge hineinzustellen.

Klaus Schwab

Es gibt ein Feld, wo die Unternehmensleitung nicht einfach anpassend reagieren kann: In der gesellschaftlichen Auseinandersetzung. Ich meine dies im Sinne einer besseren Kommunikation und besserer Argumente. Man sollte Verständnis erzeugen für dieses Kräftefeld, das heute die Wirtschaft beeinflußt, vor allem dafür, daß gewisse Dinge heute notwendig sind, die vielleicht beim einzelnen zu Einschränkungen, ja zu Verzichten führen können. Der einzelne Mitarbeiter muß heute viel mehr bereit sein, diese Umstellungen mitzumachen. Hier hat der Unternehmensleiter die Aufgabe, nicht nur wirtschaftlich, sondern auch sozial aktiv zu handeln.

Im Strukturwettbewerb zu bestehen, ist gleichzeitig eine Aufgabe der sozialen Verantwortung und wird als solche anerkannt werden, vorausgesetzt, daß der Unternehmensleiter es versteht, aktiv das hierfür notwendige Verständnis zu erzeugen.

INDEPENDENCE FROM BIG BUSINESS
THE PEOPLES BICENTENNIAL
DEMOCRACY FOR THE ECONOMY

Ralph Nader

Für eine demokratische Verbraucherpolitik

Ralph Nader, Consumer Advocate and Environmentalist

(Foto: Patrick Goebelen)

Ralph Nader, der gefürchtete Begründer der amerikanischen Consumerism-Bewegung, postuliert in seinem Beitrag eine »Demokratische Verbraucherkritik in den Großunternehmen«. Die private Marktwirtschaft basiert auf dem Wissen, der freien Wahl und dem Einverständnis der Verbraucher. Sobald dies nicht mehr der Fall ist, unterliegt der Verbraucher einem Zwang. Solche Zwänge gehen vor allem von den Großunternehmen aus, die vom Privileg der beschränkten Haftung profitieren. Monopolistische Praktiken, Umweltverschmutzung, Wirtschaftskriminalität, Steuerhinterziehung, das »Mieten« von Politikern und die Benützung der staatlichen Subventionspolitik zugunsten von Großunternehmen sind Tatbestände, die den Verbraucher in seiner Freiheit beschränken. Die großen Aktiengesellschaften werden de facto von kleinen Führungsgremien geleitet, die zueinander in Verbindung stehen. Dieser Zustand soll in den USA durch einen dem Kongreß vorgelegten »Federal-Charter«-Gesetzesentwurf geändert werden. Dabei wird unter anderem eine Meldepflicht für folgende Bereiche vorgeschlagen: Umweltschäden, Informationsgehalt der Werbung, Lobbytätigkeit, Investitionen, Steuerrechnung, Verträge mit Behörden, Besitzer der größten Aktienpakete. Von einer institutionalisierten Mitbestimmung der Arbeitnehmer will Ralph Nader absehen. Denn er befürchtet, daß Gewerkschaften zusammen mit Unternehmensleitungen Projekte verfolgen, die dem Gesamtinteresse des Landes widersprechen. Demgegenüber soll es eine »Bill of Rights« für den einzelnen geben, die es ihm erlaubt, seine Rechte unmittelbar gegenüber dem Unternehmen wahrzunehmen.

Die Rolle der *Riesenunternehmen* in der Weltwirtschaft ist in verschiedener Weise Gegenstand der Kritik geworden. Die kapitalistische Kritik betont vor allem die Notwendigkeit des Kampfs gegen Monopole. Sie tritt ein für die Erhaltung des Wettbewerbs und der Wirksamkeit der Feedbackmechanismen auf dem Markt. Die sozialistische Kritik geht von der Notwendigkeit der öffentlichen Kontrolle der Produktionsmittel aus. Die Kritik der Dritten Welt zielt auf Fragenkomplexe wie den Kolonialismus, die Terms of trade und dergleichen. Die »mikrokosmische« Kritik im Sinne einer Arbeitnehmerkritik bezieht sich auf die Rolle der Arbeitskräfte, Löhne, Sozialleistungen und Mitbestimmungsrechte. Die umweltorientierte Kritik richtet sich an die Großunternehmen. Dabei werden die nicht marktbedingten Auswirkungen auf Luft, Land und Wasser, auf Kosten unserer Generation und der nach uns kommenden beurteilt – also die Nebenfolgen der Geschäftstätigkeit, die im Produktionsplan nicht angemessen als Kosten eingesetzt werden.

In neuerer Zeit ist die *Verbraucherkritik* entstanden, die das Großunternehmen vom Standpunkt seiner allgemeinen Auswirkung auf das Wohl der Konsumenten beurteilt. Dies ist die zwingendste Kritik unternehmerischen Verhaltens, weil sie sich auf eine Einsicht von *Adam Smith* berufen kann. Dieser sagte, daß der Zweck aller Erzeugung der Verbrauch sei. Dies hat zu bedeuten, daß das Wohl des Konsumenten der Prüfstein jedes wirtschaftlichen Systems sei. Das Wohl des Arbeiters mag so wichtig sein, wie man will, letztlich ist es immer das Wohl des Verbrauchers, das zählt.

Deshalb brauchen wir vielleicht eine grundlegendere Kritik am Großunternehmen, die man als eine *»demokratische«* nennen könnte. An dieser demokratischen Kritik, die ich hier entwickeln werde, ist das wichtig, daß sie einen Prozeß voraussetzt, bei dem von den Tatsachen abstrahiert wird. Die Tatsachen beziehen sich auf die verschiedensten Auswirkungen unternehmerischen Tuns, wie sie sich unter einem empirischen Gesichtspunkt ergeben: auf die Auswirkungen auf Arbeiter, Verbraucher, Steuerzahler, Aktionäre, Öffentlichkeit und spätere Generationen.

»Wir brauchen eine grundlegendere Kritik am Großunternehmen, die man eine ›demokratische‹ nennen könnte.«

Wieso wurde die Aktiengesellschaft in einem Land nach dem andern zugelassen? Wir wissen, daß solche Aktiensgesellschaften Bildungen des Staates sind. Sie erhält vom Staat einen Freibrief, der den Investoren gewisse Privilegien zusichert, darunter als Wichtigstes: die *beschränkte Haftung*. Das Unternehmen hingegen hat bestimmte Bedingungen zu erfüllen.

Niemand ist zu jung, um das Einkaufen zu erleben...

Die Legitimität der Rechtsstellung einer Gesellschaft hinsichtlich der Individuen, mit denen sie in Wechselwirkung steht, basiert auf *Wissen, freier Wahl* und *Einverständnis.* Das Wissen bezieht sich auf die Kenntnis der Eigenschaften des Produkts, seien es Automobile, Medikamente oder Kleider usw. Die freie Wahl besteht zwischen den verschiedenen Firmen, die diese Produkte anbieten. Das Einverständnis zeigt sich darin, daß man ein Produkt kaufen und ein anderes ablehnen kann.

Die grundsätzliche Legitimität des Unternehmens setzt ein wissendes Einverständnis von seiten der Verbraucher voraus. Deshalb bleibt das Marktsystem, wo immer es sei, insoweit unangetastet, als es eine Funktion des Privatsektors ist. Es fußt auf der Fähigkeit des Verbrauchers zum wissenden Einverständnis. Das ist die Theorie.

In Tat und Wahrheit aber wirkt sich das Großunternehmen in verschiedener Hinsicht zwingend auf den Verbraucher aus. Soweit solche Zwänge den Verbraucher um die Möglichkeit eines wissenden Einverständnisses bringen, müssen diesem zusätzlich gesetzliche Rechte, Rechtsmittel und Vertretungen eingeräumt werden – wie es auf andern Gebieten dem Arbeitnehmer, dem Steuerzahler oder der Öffentlichkeit gegenüber zu geschehen hätte. Wenn wir dies also vom Gesichtspunkt eines Wachstums-Prozesses betrachten, so ergibt sich:

Je mehr Zwang sich aus der Unternehmenstätigkeit für diese Gruppe – die Verbraucher, Arbeitnehmer, Aktionäre und Ortsansässigen – ergibt, desto mehr müßten diesen Gruppen auf gesetzlichem Weg bestimmte Rechte, Rechtsmittel und Vertretungen eingeräumt werden.

Wie können Firmen Zwang ausüben?

Kartelle, monopolistische Praktiken und Oligopole üben einen inhärenten Zwang aus, weil sie nicht dem wissenden Einverständnis des Konsumenten unterliegen. Sie nutzen staatliche Macht aus und haben in hohem Grade die Fähigkeit, Produktionsquoten, Preise und andere Bedingungen festzusetzen, die der Verbraucher akzeptieren muß, wobei ihm nicht oder kaum die Wahl gelassen wird.

Es gibt ferner den Zwang, der sich aus Geheimhaltung oder aus verborgenen Mängeln am Produkt ergibt. In den *Vereinigten Staaten* hat kürzlich eine medizinische Umfrage ergeben, daß Diabetiker, die gewisse, angeblich gegen *Diabetes* wirksame Medikamente erhalten, in großer Zahl (die Schätzung spricht von 15000 Menschen jährlich) an den Nebenwirkungen der Mittel sterben, nämlich an Herzleiden. Diese Nebenwirkungen waren den verschreibenden Ärzten nicht bekannt; es handelte sich um latente Mängel oder Risiken.

In dem Maße, als der Konsument sich nicht das wissende Einverständnis vorbehalten kann, liegt Zwang vor. Dabei spielt es keine Rolle, ob dies die Folge einer Verschwörung, eines kollektiven unternehmerischen Willensaktes oder einer Nachlässigkeit ist. Es ist ein *zwingender Akt.* Der Verbraucher wird nicht ins Bild gesetzt. Die Folgen sind tragisch.

»In dem Maße, als der Konsument sich nicht das wissende Einverständnis vorbehalten kann, liegt Zwang vor.«

Eine andere Kategorie von Zwängen, die man *Zwangskonsum* nennen könnte, ist die *Umweltverschmutzung.* Dabei ist es gleichgültig, ob die Verschmutzung gerechtfertigt oder ungerechtfertigt sei. Sie ist eine Form des Zwangskonsums. Wenn die Leute durch die Stadt gehen, konsumieren sie die Verschmutzungsprodukte der Industrie und der Automotoren, ob sie nun die Erzeugnisse dieser Industrie oder die Autos kaufen oder nicht. Sie unterliegen dem Zwangskonsum, indem sie Kohlenwasserstoffe, Stickoxide, Kohlenmonoxid und andere Schadstoffe einatmen. Das ist eine Form des Zwangs. Er basiert nicht auf wissendem Einverständnis.

Diese Formen des Zwangs haben zu Verbraucherschutzgesetzen und zu Umweltschutzgesetzen geführt. Doch diese Gesetze müssen vom Staat angewendet werden. Mit anderen Worten: die Bürger delegieren die Kompetenz zu ihrer Anwendung an den Staat. Die Bürger haben den Unternehmen gegenüber keine direkten Rechte. So wird es den Unternehmen verhältnismäßig leicht gemacht, dem Prozeß der Gesetzesanwendung seine Schärfe zu nehmen, indem sie Einfluß auf Parlamente oder auf die Polizeibehörde nehmen.

Vieles von dem, was hier festgehalten wird, bezieht sich auf die Großunternehmen in den Vereinigten Staaten. Offensichtlich betrifft es auch *Europa,* und dies aus zwei Gründen: Es gibt eine starke Präsenz amerikanischer Großfirmen in Europa, zudem wird das, was in den Vereinigten Staaten geschieht, auch in Europa übernommen und umgekehrt. Man kann das in der *Antitrustgesetzgebung* verfolgen: die *EG* übernimmt immer deutlicher die Antitrustpraxis, die in den USA ausgearbeitet worden ist.

Warum US-Multis sich in Delaware eintragen

Die zweite Basis für eine Neuüberprüfung der Legitimität ist das vollständige Versagen des Zulassungsverfahrens (»Chartering«) für Großfirmen in den Vereinigten Staaten. In den USA werden Aktiengesellschaften von den Einzelstaaten zugelassen. Jeder der 50 Staaten kann Aktiengesellschaften das Gesellschaftsprivileg erteilen. Historisch gesehen hat der kleine Staat *Delaware* diese Funktion sehr weitgehend zum ersten Mal an sich gezogen. Delaware ist der Heimatstaat einer großen Zahl allergrößter amerikanischer Unternehmen: *General Motors, Ford Motor Company, Chrysler, ITT, Texaco, First National City Bank Holding Company, Chase Manhattan Bank Holding Company usw.*

Ursprünglich hatte Delaware von seinem Chartering-Gesetz Gebrauch gemacht, um sich für sein *Staatsbudget* zusätzliche Einnahmen zu schaffen. Es führte ein sehr, sehr schwaches Chartering-Gesetzessystem ein, das enorme Macht in die Hände der leitenden Angestellten der Aktiengesellschaft legt. Der Verwaltungsrat besitzt weniger Macht, während die Aktionäre beinahe machtlos sind. Ein Studium der Gerichtsentscheide von Delaware lehrt, daß die Aktionäre immer mehr ihres Rechtes beraubt wurden, die Geschäftsleitung zur Rechenschaft zu ziehen. In der Tat nennen wir dies *»die Zerstörung des staatlichen Gesellschaftsrechts«.*

Delaware hat *kein Interesse* daran, sein Chartering-Gesetz den Realitäten des späteren zwanzigsten Jahrhunderts entsprechend abzuändern. Ja selbst wenn es daran ein Interesse hätte, könnte es dies nicht einmal. Es ist ein sehr kleiner Staat, etwas größer als *Andorra* und *San Marino* zusammengenommen. Sein Gesellschaftsrecht dient in erster Linie als Mittel, um Einnahmen zu beschaffen. Dieser Staat ist eine Art von Gerichtsdomizil, das sich außerordentlich gut zur Manipulation eignet.

Ich möchte hier einige Zahlen dafür anführen, was dies bedeutet: 1971 machten die Lizenzgebühren von Aktiengesellschaften und verwandte Einkünfte insgesamt 55 Millionen Dollar oder 23 Prozent aller Staatseinnahmen aus. 1974 waren 76000 Gesellschaften in Delaware eingetragen, darunter 52 der 100 größten der USA und nicht weniger als 251 der größten 500 nach dem *Fortune-Index*. Das Versagen des einzelstaatlichen Gesellschaftsrechts bildet den Hintergrund für den Vorschlag, die großen Gesellschaften sollten nach Bundesrecht eingetragen werden.

Die Welle der Wirtschaftskriminalität

Die Wirtschaftskriminalität ist der dritte Faktor, der die Legitimität der Unternehmen in Frage stellt. Dieses Phänomen erfaßt folgende Gebiete:

Belohnung und Bestechung politischer Persönlichkeiten

Diese Verbrechen erfolgen auf raffinierte Weise. Es gab Zeiten, wo sich Politiker kaufen ließen; heute sind sie gewitzigter, sie vermieten sich. Solche Belohnungs- und Bestechungspraktiken wurden beispielsweise aus *Baltimore (Maryland)* im Zusammenhang mit dem *Agnew-Skandal* bekannt; Architektur- und Ingenieurbüros zahlten »*Provisionen*« für die Beschaffung von Regierungskontrakten für Gebäude und Straßen. Zu großer Berühmtheit haben es auch die bekannten Zuwendungen an politische Parteien im Ausland gebracht, wie die 46 Millionen Dollar, die *Exxon* an italienische Parteien verteilt hat – und das ohne Zustimmung der Aktionäre.

Verletzung von Gesundheits- und Sicherheitsgesetzen

Dazu gehören beispielsweise Verletzungen von Arbeitshygiene- und Umweltschutzbestimmungen. Diese Verletzungen gehen gelegentlich so weit, daß das betreffende Gesetz erst wieder entdeckt werden mußte! 1899 verabschiedete die Bundesregierung ein Gesetz, das die Verschmutzung schiffbarer Wasserwege zum Verbrechen erklärte. Es wurde nicht eine einzige Zuwiderhandlung verfolgt, bis das Gesetz 1969 vom Justizdepartement wiederentdeckt wurde. Damals schätzte

Wenn Umweltverschmutzung zu einem unerträglichen Zwang wird.

man, daß in der Zwischenzeit das Gesetz mehr als 10000mal täglich verletzt worden war.

Steuerhinterziehung

Hier handelt es sich meistens um Vermögenssteuern. Hinterziehung bei Einkommenssteuern kommt auch vor. (Ebenso werden lokale Verordnungen, staatliche Bestimmungen, aber auch Bundesgesetze verletzt.)

Betriebsinterne Veruntreuungen

Dieses Delikt ist weitverbreitet. Die *amerikanische Handelskammer* fühlte sich vor etwa drei Jahren zur Herausgabe eines Berichts veranlaßt, in dem ihre Kosten der »*corporate crimes*«, Antitrustvergehen nicht berücksichtigt, auf 40 Milliarden Dollar jährlich veranschlagt wurden. Würde man die Kosten der Antitrustdelikte miteinrechnen, so würde sich der Betrag um weitere Dutzende von Milliarden erhöhen.

Die Macht der Großunternehmen über Regierungen

Die Kontrolle über die *Steuerpolitik* der Vereinigten Staaten hat einen Punkt erreicht, wo es nur noch wenige Jahre dauern wird, bis die Gesellschaften überhaupt keine Einkommenssteuer mehr bezahlen. Ihr prozentualer Anteil an den Bundessteuern ist in den letzten Jahren jäh zurückgegangen. Dies war bedingt durch die Schaffung von Investitionssteuerkrediten, beschleunigten Abschreibungsmöglichkeiten und andern Steuervergünstigungen.

»Die Kontrolle der Unternehmen über die Steuerpolitik der Vereinigten Staaten hat einen Punkt erreicht, wo es nur noch wenige Jahre dauern wird, bis die Gesellschaften überhaupt keine Einkommenssteuer mehr bezahlen.«

Die *Kontrolle über die politischen Wahlen* ist nun vom *Obersten Gerichtshof* fast verewigt worden durch einen Entscheid, der es zu einem nie dagewesenen Grad erlaubt, bei Angestellten von Unternehmen Beiträge an Firmenfonds zu sammeln, die für die Wahl oder Nichtwahl bestimmter Kandidaten eingesetzt werden sollen. Die Beschränkung auf 1000 Dollar ist ein minimales Hindernis für die Findigkeit dezentralisierter Kampagnenfinanzierungskomitees im ganzen Land.

Wir haben eine Kontrolle über die Umleitung von Steuereinnahmen aufgrund der *Subventionspolitik* für die freie Forschung und Entwicklung. Die Atomkraftindustrie beispielsweise erhält Milliarden von Dollars für Forschung und Entwicklung.

Die Macht der Unternehmen über die Regierung geht in den Vereinigten Staaten heute soweit, daß eine Firma, die groß genug ist, nie in Konkurs gehen kann; sie braucht nur nach *Washington* zu gehen. Mit andern Worten, die Größe der Firma wird Teil des *»nationalen Interesses«*. Unternehmen wie *Penn Central,* (vielleicht) *Pan American, Lockheed* und andere Firmen bekommen vom Bund Anleihengarantien, aufgebauschte Kontrakte oder andere Stützen, um ihre Mißwirtschaft vor dem Versagen auf dem Markt, das heißt, dem Bankrott zu schützen.

Eine »corporation« leistet zu wenig

Die Legitimität der »corporation« als Institution (nach geltenden Gesetzen) ist fraglich, weil diese nicht das leistet, was eine blühende Wirtschaft benötigt und was sie selbst zu leisten vorgibt. Die *Euphorie* der Wachstumsraten der sechziger Jahre liegt nun hinter uns und die qualitative Kritik an der modernen Wirtschaft hat überhandgenommen (seitens der Umweltschützer, der »small-is-beautiful«-Schule, der Nullzuwachstumsschule etwa). Die Dritte Welt hat die Rohstoffe fester im

Griff. Die Arbeitslosigkeit ist nicht nur in den Vereinigten Staaten, sondern auch in einigen europäischen Staaten stark angewachsen. Hier wird die fundamentalste Herausforderung an die Existenzberechtigung der Großunternehmen sichtbar:

Produzieren Großunternehmen die Güter und Dienstleistungen in einem expandierenden Marktprozeß, um den Lebensstandard zu heben?

Nach den Aussagen der Großunternehmen selbst werden gewisse Arten wirtschaftlicher Tätigkeit und gewisse Märkte aufgegeben. Wir erkennen hier den Haupttest einer Weltwirtschaft, der nicht bestanden worden ist: *Massenhunger* und *Massenkrankheit* wurden nirgends auch nur annähernd zurückgedrängt, wie es nötig wäre. In manchen Ländern der Welt war tatsächlich der Lebensstandard 1900 wesentlich höher als heute. Mit einer wichtigen Ausnahme, der Ausschaltung der großen Epidemien – der Pocken etwa –, ist es zu einem Niedergang gekommen, der weitgehend dem Bevölkerungswachstum, dem kein entsprechendes Wirtschaftswachstum gegenübersteht, zuzuschreiben ist.

»In manchen Ländern der Welt war tatsächlich der Lebensstandard 1900 wesentlich höher als heute.«

Der Nordosten von Brasilien mag als Beispiel dienen: Oldtimer erzählen, daß die Nahrung vor vierzig, fünfzig Jahren dort reichlicher war als heute, wo Hungersnot und eine ungeheuer hohe Säuglingssterblichkeit herrschen. Betrachten wir die industrialisierten Länder: die *Vereinigten Staaten* leiden an tiefer struktureller Arbeitslosigkeit. Sie haben 35 Millionen Einwohner, die unbestritten in Armut leben, unterernährt sind, in schlechten Unterkünften wohnen, schlecht bekleidet und ungebildet sind. Sie haben in ihren Städten große Zonen, die von den Banken und Versicherungen abgeschrieben worden sind. Wer in diesen Bereichen wohnt, bekommt kein Geld mehr geliehen und keine Versicherungspolice mehr ausgestellt. Damit ist sozusagen sicher dafür gesorgt, daß diese Stadtviertel weiter verelenden.

Verzichte dieser Art unterhöhlen die Legitimität des gegenwärtigen Status des Unternehmens weiter. Es ist so, als ob die Großfirmen heute die Länder in entbehrliche und unentbehrliche Marktgebiete einteilen würden: entbehrliche Gebiete werden unberücksichtigt gelassen, bis irgendeine andere Branche sie marktreif macht. Die Kritik an den Multinationalen paßt noch konkreter in diese Kategorien, beispielsweise vom Standpunkt der Efficiency aus.

Ein Beispiel: *Gulf & Western.* Vom eigenen Standpunkt aus mag die Firma ihren Zucker in der *Dominikanischen Republik* sehr rationell erzeugen. Aber in ihrem Bestreben, die Produktion auszuweiten, in einer Zeit, wo die Weltmarktpreise so hoch sind im Vergleich zu früheren Jahren, sorgen sie dafür, daß direkt oder indirekt Grundstücke von Kleinbauern mit Zucker bepflanzt werden. Früher wurden darauf Gemüse und Früchte für den Verbrauch an Ort und Stelle angepflanzt. Infolgedessen muß die *Dominikanische Republik* heute mehr Nahrungsmittel für ihre Leute einführen – wenn sie das kann. Die Dörfer verlieren ihre Selbstversorgungsfähigkeit,und die für den Markt bestimmte Zuckerernte bereichert nicht nur Gulf & Western in New York, sondern auch eine Regierung, die nicht dafür bekannt ist, daß sie für eine gerechte Verteilung unter den Massen besorgt ist. Efficiency also vom Standpunkt der Firma Gulf & Western aus, sicher aber nicht von dem der Bauern in der Dominikanischen Republik.

Zur Verbraucherkritik gehört auch der Warentest. Auf dem Bild eine »Rauch-Maschine«, mit der Zigaretten getestet werden.

Wie der US-Kongreß die Aktiengesellschaften kontrollieren will

Auf dem Papier mögen sich die Riesenunternehmen ausnehmen, als ob sie *Ausdruck der Demokratie* seien, mit Verwaltungsräten, die von den Aktionären gewählt werden, um die Gesellschaft zu führen, und die ihrerseits die leitenden Angestellten auswählen und beaufsichtigen. In Wirklichkeit ist dies nicht viel mehr als ein *Mythos*. In nahezu jeder großen Gesellschaft gibt es eine Führungsautokratie. Ein Mann oder eine kleine Clique von Leuten regiert das Unternehmen. Dieser Chef oder diese Führungsclique wählt den Verwaltungsrat. Weil das Management die Erneuerungs- und Bevollmächtigungsmaschinerie beherrscht, dringen in den Vereinigten Staaten die vom leitenden Personal vorgeschlagenen Kandidaten für den Verwaltungsrat und die von ihm vorgelegten Resolutionen durchwegs durch.

Den Verwaltungsrat wählen nominell die leitenden Angestellten; er genehmigt wichtige finanzielle Entscheidungen und Statutenrevisionen. In Tat und Wahrheit sind aber die Verwaltungsratsmandate oft Ehrenposten für Freunde der Manager, denen es an Zeit, Anreiz oder Informationen fehlt, um tatsächlich die Tätigkeit der Geschäftsleitung laufend zu überwachen. So sind von den durchschnittlich 14,49 Verwaltungsräten der 200 größten Industrieunternehmen der USA 6,5 »*inside directors*«, die vom obersten Vorstandsmitglied angestellt wurden oder ihm verpflichtet sind. Gut 69 Prozent von den »*outside directors*« waren leitende Angestellte anderer Gesellschaften. Einer von ihnen meinte:

»Ich kann mich an kein einziges Mal erinnern, wo der Verwaltungsrat nicht für den Vorschlag des Managements gewesen wäre.«

So tappte der Verwaltungsrat von *Penn Central Railroad* bis zuletzt im Dunkeln, als die Gesellschaft Konkurs anmelden mußte. Die Nichtbelangbarkeit der obersten Geschäftsleitung fördert das Bestehen zahlreicher Interessenkonflikte, wie dies zum Beispiel bei den »*Schachtelaufsichtsräten*« der Fall ist. Wenn leitende Angestellte einer Gesellschaft im Verwaltungsrat ihrer Banken oder Lieferanten oder Verteiler sitzen, so meldet sich natürlich die Versuchung, aufgrund von Wohlwollen und Freundschaft eine Vorzugsbehandlung zu erhalten.

Das illustriert der »*Federal charter*«-*Gesetzesvorschlag,* der dem *amerikanischen Kongreß* zur Beratung vorliegt. Um dem Verwaltungsrat gegenüber dem Management mehr Macht zu verleihen, soll er aus vollamtlichen außenstehenden Mitgliedern mit eigenem Personal bestehen, und es soll den Aktionären mehr Recht verschafft werden, um die Gesellschaft zur Rechenschaft zu ziehen. Es sind auch Bestimmungen vorgesehen, die die Offenlegung von Informationen betreffen und von denen ich annehme, daß sie viele europäischen Manager (gelinde gesagt) überraschen würden. Die Liste der offenzulegenden Fakten umfaßt die folgenden Punkte:

- jeder Fall, in dem eine anwendbare Luftverschmutzungslimite überschritten wurde
- jede giftige Substanz, die in nachweisbarer Menge an irgendeinem einheimischen Arbeitsplatz vorgefunden wurde
- aus Minoritäten rekrutiertes Personal muß Betrieb um Betrieb aufgeführt werden
- Beweise für Ansprüche, die in der Werbung angemeldet werden
- Ausgaben für Lobbytätigkeit bei den legislativen und exekutiven Organen auf Bundes-, Staats- und Gemeindeebene

Im Bereich der finanziellen Informationen sind bekanntzugeben:

- die Investitionen der Gesellschaft in Gemeinschaftsunternehmen
- die jährliche Steuerrechnung der Firma
- größere Verkaufskontrakte mit Behörden
- die 100 größten Aktionäre in jeder Klasse von Stimmrechtsaktien

Dies sind, wie ich betonen möchte, *Vorschläge.* Es ist unwahrscheinlich, daß sie en bloc angenommen werden.

Für eine »bill of rights« gegenüber Unternehmen

Unseren neuesten Bericht – er scheint EXXON so stark interessiert zu haben, daß man sich dort in aller Eile fünf Exemplare besorgte – nannten wir »*Constitutionalizing the corporation, the case for federal chartering of large corporations*« (also die »*Konstitutionalisierung der Aktiengesellschaft*«). Wir lehnten uns mit dem Ausdruck »Konstitutionalisierung« an den politischen Sprachgebrauch an: man denkt an die Staatsverfassung, die den Gebrauch der Staatsgewalt in Grenzen verweist, an Föderalismus, an »*checks and balances*«, dies alles nun angewendet auf die Institution »Aktiengesellschaft«. Vor zweihundert Jahren dachten die Schöpfer der Verfassung der Vereinigten Staaten nicht an Aktiengesellschaften, die es noch gar nicht gab. Sie machten

Die Freiheitsstatue: symbolisiert sie auch eine Freiheit des Konsumenten und Arbeitnehmers gegenüber dem Unternehmen? Kommt es zu einer »bill of rights« in der Wirtschaft, wie Ralph Nader sie vorschlägt?

sich Sorgen über den willkürlichen Gebrauch der Regierungsgewalt, und so schufen sie die »*Bill of Rights*«, um die Bürger vor der willkürlichen Machtausübung durch die Regierung zu schützen.

Aber jetzt gibt es die Aktiengesellschaften. Viele von ihnen sind größer als Nationalstaaten. Es ist an der Zeit, ihre Grundstrukturen zu konstitutionalisieren, »checks and balances« einzuführen (Dezentralisation, Gewaltenbeschränkung etc.). Es ist zu beachten, daß in diesem Vorschlag *kein Passus über Mitbestimmung* enthalten ist. Unserer Meinung nach würde Mitbestimmung von Arbeitnehmerschaft und Management eine unbesiegbare Interessengruppe schaffen, die sich gegen andere soziale Interessen wenden wird, welche Macht aufgrund eigenen Rechts brauchen.

»Unserer Meinung nach würde Mitbestimmung von Arbeitnehmerschaft und Management eine unbesiegbare Interessengruppe schaffen, die sich gegen soziale Interessen wenden wird.«

Es kann beispielsweise soziale Interessen geben, die die Verminderung der Luftverpestung durch Autos und die Beschränkung der Autoproduktion bei gleichzeitigem Ausbau des öffentlichen Verkehrs erfordern. Man kann sich vorstellen, wie schwer dies in den Vereinigten Staaten durchzusetzen sein würde, wenn man zu diesem Zweck die vereinte Macht von *General Motors* und der Gewerkschaft *United Autoworkers* zu überwinden hätte, die auf Mitbestimmungsbasis im gleichen Verwaltungsrat sitzen würden. Es wäre sehr, sehr schwer. Unser Vorschlag lautet statt dessen: man gebe den Angestellten eine *»Bill of Rights«*, einen Katalog von Rechten, die sich auf die besonderen Interessen der Arbeitnehmer in der Industrie beziehen: Hygiene, Sicherheit, Arbeitsbedingungen, »Job enrichment«, Redefreiheit, aber keine Mitbestimmungspraxis, die die Interessen der Arbeitnehmer- und der Arbeitgeberorganisationen zu einer Institution an der Spitze der Gesellschaft zusammenschweißen würde.

»Man gebe den Angestellten eine ›Bill of Rights‹, einen Katalog von Rechten, die sich auf die besonderen Interessen der Arbeitnehmer in der Industrie beziehen.«

Jan Tinbergen

Die Weltprobleme zwingen zum Umdenken

Prof. Jan Tinbergen, Nobel-prize winning economist

(Foto: Patrick Goebelen)

Wenn man von einer internationalen Ordnung spricht, muß eine Zielsetzung vorhanden sein. Diese besteht heute im Wohlergehen der Weltbevölkerung, insbesondere im Wohlergehen der armen Massen auf der ganzen Welt. Hat ein Teil der Welt Fortschritte gemacht, so war dies in vielen Regionen der Welt nicht der Fall. Der »Sickerprozeß« hat nicht stattgefunden, der Fortschritt drang nicht in die armen Gebiete der Welt vor. Das grundlegende Problem zeigt sich darin, daß für jedes Problem eine »optimale Entscheidungsebene« gesucht werden muß. Ist es innerhalb der einzelnen Länder noch möglich, auf verschiedenen Ebenen optimal zu entscheiden, so ist dies auf Weltebene heute unmöglich. Denn es herrscht das Gesetz des Dschungels. Dabei unterscheidet der Autor zwei Gesetzmäßigkeiten des Entscheidens: Auf der einen Seite gibt es die Möglichkeit der Dezentralisation, auf der anderen Seite erfordert das Gesetz der »äußeren Wirkungen« zentralisierte, transnationale Lösungen. So kann eine Umweltverschmutzung in einem Land sich auf ein anderes Land auswirken, ohne daß dieses darüber entscheiden konnte. In diesem Sinn leitet der Autor im Rahmen des »Club of Rome« das »Rio-Projekt« (Reviewing the International Order), in dem er die Welt nach verschiedenen Gesichtspunkten in zehn Gebiete aufteilt und entsprechende Lösungen vorschlägt.

Das Thema, mit dem ich mich hier befassen werde, ist natürlich zu umfangreich, um auch nur einigermaßen detailliert behandelt werden zu können. Ich werde mich deshalb auf zwei Dinge beschränken:

- Erstens: Die Darstellung einiger der Hauptideen meiner Gruppe, welche für den Club of Rome einen neuen Bericht über die neue internationale Wirtschaftsordnung ausarbeitet.
- Zweitens: Ich möchte über einige der konkreteren Vorschläge sprechen, die im Bericht gemacht werden, und die wir noch stets weiter erörtern.

Die Ordnungspolitik muß auf gewissen Prioritäten hinsichtlich des von der Ordnung zu Leistenden basieren. Wir finden, daß das Wohlergehen der Weltbevölkerung unser Ziel sein sollte, und insbesondere das Wohlergehen der armen Massen innerhalb dieser Bevölkerung. Denn bisher sind leider deren Interessen nicht immer sehr gut berücksichtigt worden.

Während die Welt als ganze Fortschritte machte, und teilweise sogar erhebliche Fortschritte, verfügen wir auch über Statistiken, die zeigen, daß die rund zwanzig Prozent der Weltbevölkerung mit den niedrigsten Einkommen an diesen Fortschritten nicht beteiligt waren, und in absoluten Zahlen ausgedrückt sogar ärmer geworden sind. Das heißt, daß der sogenannte »*Sickerprozeß*« (Trickle Down-Effekt) noch nicht funktioniert hat. Die Entwicklung ist noch nicht in die unteren Bereiche der Gesellschaft gesickert. Das ist nichts Neues, weil der Sickerprozeß auch in andern Ländern viel Zeit in Anspruch genommen hat, manchmal Jahrzehnte.

Aber haben wir heute Zeit, um jahrzehntelang zu warten? Ich fürchte, wir haben keine Zeit. So fragten wir uns also:

»Wie müßte die internationale Ordnung aussehen, wenn wir sie sachlich betrachten, das heißt nach dem Grundsatz der Leistungsfähigkeit in der Verfolgung des Hauptziels?«

Bekanntlich haben wir innerhalb der Staaten Systeme – manchmal gute, manchmal weniger gute, aber doch immerhin solche, die nach gewissen Grundsätzen der Verwaltung, der Wirtschaft usw. organisiert sind –, während auf zwischenstaatlicher Ebene das *Gesetz des Dschungels* herrscht.

Die Suche nach der optimalen Entscheidung

Unser Planet ist völlig führerlos. Es gibt kaum ein paar ganz lose *internationale Organisationen,* deren Macht sehr beschränkt ist. Wir finden, daß, wenn man zu formulieren versucht, welches das Hauptprinzip der Struktur einer über die Nationen hinausreichenden Ordnung sein sollte, man dieses Prinzip »*das Prinzip der optimalen Entscheidungsebene*« nennen könnte.

Millionen und aber Millionen von Entscheidungen können auf sehr niedriger Ebene getroffen werden, auf der Ebene der Familie, der Firma, des Dorfes oder der Stadt, vielleicht der Gewerkschaft. Die Regierung stellt natürlich eine sehr wichtige Entscheidungsebene dar, tatsächlich die derzeit wichtigste.

Wir haben aber den Eindruck, daß es für jede Art von Entscheidungen eine gewisse Ebene gibt, die besser ist als alle andern. Und es sind zwei einander entgegengesetzte Prinzipien, die diese optimale Entscheidungsebene bestimmen:

Dezentralisation

Das eine dieser Prinzipien lautet, daß es aus manchen Gründen vorzuziehen ist, eine möglichst niedrige Ebene zu wählen, mit andern Worten so stark wie möglich zu dezentralisieren. Dies steht im Einklang mit dem wachsenden Wunsch der Bevölkerung, an den Entscheidungen *beteiligt* zu werden – eine natürliche Erscheinung bei steigendem Bildungsniveau.

Ich würde sagen, es ist auch kennzeichnend für die Ordnung, die in den westlichen Ländern stets geherrscht hat. Wir können sogar sagen, daß wir lange Zeit glaubten, die freien Kräfte der Gesellschaft, mit andern Worten die einzelnen Entscheidungen der Konsumenten und Produzenten, würden uns zu einer Art *Optimum* führen. Wir bekennen uns gewiß nicht mehr genau zu dieser Ansicht, aber es illustriert, daß die niedrige Entscheidungsebene uns stets am Herzen gelegen hat und es auch heute noch tut.

Je größer die Anzahl von Menschen, desto mehr technische Steuergeräte sind erforderlich. Auf dem Bild eine Sitzung der Generalversammlung der Weltgesundheitsorganisation in Genf.

Das Gesetz der äußeren Wirkungen

Es gibt auch Entscheidungen, die sogenannte äußere Wirkungen haben. Dieser Begriff scheint mir für das Verständnis unseres Problems sehr wichtig zu sein. Unter einer »äußern Wirkung« einer Entscheidung – einer nationalen Entscheidung beispielsweise – verstehen wir die *Wirkung auf Außenstehende,* in unserem Fall also auf Angehörige anderer Nationen.

Als Beispiel möchte ich die Entscheidungen anführen, die die *Niederlande* in bezug auf die Luftverschmutzung auf ihrem Staatsgebiet treffen. Bei gewissen Windrichtungen kann es sein, daß *Schweden* die Folgen davon zu spüren bekommt. Das heißt, daß die Holländer über etwas entscheiden, was auch die Schweden betreffen kann; wir entscheiden also nicht demokratisch, denn wir lassen einige der Betroffenen nicht mitentscheiden.

Nun kann man natürlich vielerlei Beispiele erfinden, bei denen dies der Fall ist, nicht nur auf dem neuen Gebiet der Umwelt, wo dies am klarsten zutage liegt, sondern auch auf vielen traditionellen Gebieten, wo sich soziale und wirtschaftliche Fragen stellen. Es ist beispielsweise ganz klar, daß Entscheidungen über den *Handel einer Nation* sozusagen definitionsgemäß andere Nationen mit betreffen. Es ist auch klar, daß Entscheidungen über das *Währungssystem* für sehr viele andere Nationen ebenfalls von großer Bedeutung sind. Deshalb sind wir zum Schluß gekommen, daß es bei aller unserer Vorliebe für dezentralisierte Entscheidung doch zumindest ein paar Probleme gibt, die nur auf übernationaler Ebene richtig beraten und gelöst werden können.

»Bei aller unserer Vorliebe für dezentralisierte Entscheidung gibt es zumindest ein paar Probleme, die nur auf übernationaler Ebene richtig beraten und gelöst werden können.«

Fünf Minuten vor zwölf...

Hier befinden wir uns am entscheidenden Punkt, was die internationale Ordnung angeht. Unter internationaler Ordnung verstehen wir alle Beziehungen, Organisationen und Kontakte zwischen Menschen und Institutionen, die *über* die nationale Ebene hinausreichen. Obwohl wir es hier nur mit einem kleinen Teil des Eisbergs – des gesamten sozialen Prozesses der Welt – zu tun haben, darf er doch nicht vernachlässigt werden.

Wir glauben, daß die Probleme, die tatsächlich einen supra- oder transnationalen Entscheidungsprozeß er-

Reklame weltweit – erreicht sie die armen Massen der Dritten Welt?

fordern, in *zehn mehr oder weniger wohlumschriebene Bereiche* sich einordnen lassen. Wir finden dabei, daß solche Entscheidungen in der Welt nur sehr selten getroffen werden.

Das ist also das Wesentliche an der neuen internationalen Wirtschaftsordnung, wie wir es sehen. Wenn wir uns nicht auf einige bessere Entscheidungsweisen für diese zehn Klassen von Problemen einigen können, dann, fürchte ich, sieht die Zukunft unserer Welt sehr düster aus. Ich muß sagen, daß ich in dieser Beziehung schon seit mindestens fünfzehn Jahren Befürchtungen gehegt habe. Ich sage (wie andere heute auch) nach wie vor, daß es fünf Minuten vor zwölf ist. Leider werden die Minuten kürzer und kürzer.

Ich habe *Pessimismus* stets für kontraproduktiv gehalten; so müssen wir uns bewußt bleiben, was getan werden kann, auch wenn wir den Eindruck haben, daß wir nur sehr wenige Institutionen davon überzeugt haben, was geschehen sollte. Es kann kein Zweifel darüber herrschen, daß die internationale Ordnung, die sich bis jetzt entwickelt hat, sich oft zum Nachteil insbesondere der ärmeren Länder und ganz speziell der ärmeren Schichten in diesen Ländern ausgewirkt hat. Wenn man sich nur vorstellt, welche Konsequenzen unser internationaler Handel und unsere Zollstruktur haben, kann dies zur Genüge gezeigt werden. Ich brauche da nicht ins einzelne zu gehen; ich glaube, der Sachverhalt ist wohlbekannt.

»Ich habe Pessimismus stets für kontraproduktiv gehalten; so müssen wir uns bewußt bleiben, was getan werden kann, auch wenn wir den Eindruck haben, daß wir nur sehr wenige Institutionen davon überzeugt haben, was geschehen sollte.«

Ebenso ist auch der Aspekt der *technischen Forschung* sozusagen ausschließlich unter dem Gesichtspunkt der Probleme reicher Länder verfolgt worden. Es stimmt, daß die Nicht-Optimalität nicht nur gewissen Strukturen zuzuschreiben ist, die sich bisher weitgehend in den Händen der Industrieländer befunden haben; es sollte anerkannt werden, daß auch in vielen Entwicklungsländern eine nicht optimale Politik verfolgt worden ist.

Hier stehen wir einer sehr wichtigen Tatsache gegenüber: Das Phänomen der Unterentwicklung und die Art und Weise, wie dieses Phänomen kuriert werden kann, sind bisher kaum sehr gut verstanden worden. Unsere Gedanken sind in dieser Beziehung noch stets in Bewegung. Wir lernen alle drei Jahre etwas Neues und ich finde, das sollten wir nicht vergessen, wenn wir uns über den ganzen Entwicklungsprozeß unterhalten. Diese Diskussion begann auf eine Art und Weise, die wir heute kaum mehr sehr zweckentsprechend halten würden. Sogar in den besten Institutionen, die sich mit dem Problem auseinandersetzen, beispielsweise in der *Weltbank,* hat man mehrmals umdenken müssen.

»Sogar in den besten Institutionen, beispielsweise in der Weltbank, hat man mehrmals umdenken müssen.«

Die Industrieländer müssen sich beschränken

Wir sollten uns der Tatsache bewußt sein, daß die Frage, wie eine tatsächlich wirkungsvolle Entwicklungspolitik aussehen soll, heute noch weitgehend offen ist. Aber es ist eine sehr wichtige Frage und ich möchte das mit einigen Zahlen belegen. Man vergleiche die reichsten und die ärmsten Länder miteinander, indem man von den reichsten ausgeht, nämlich jenen mit dem höchsten Prokopfeinkommen, und dann nach und nach die nächstärmeren Länder hinzunimmt, bis sie 10 Prozent der Weltbevölkerung ausmachen. Dasselbe tut man nun in der entgegengesetzten Richtung, beginnend mit dem Land mit dem niedrigsten Prokopfeinkommen.

Auf diese Art finden wir, daß die Kaufkraft pro Kopf im reichsten Zehntel der Welt *dreizehnmal größer* ist als die im ärmsten Zehntel. Das ist lediglich der Durchschnitt, denn die Unterschiede in den einzelnen Ländern sind noch viel größer. Die Frage, die wir unseren Lesern nun stellen wollen, lautet:

Glauben Sie wirklich, daß wir bei einem solchen Verhältnis die Welt zusammenhalten können, bei einem Verhältnis von 13 : 1 zwischen den Realeinkommen des obersten und untersten Zehntels?

Wir glauben, daß dies nicht möglich ist, wir müssen das Verhältnis mit allen Mitteln reduzieren. Wir wissen nicht, wie weit wir dabei gehen können, aber wir haben Beispiele innerhalb gut organisierter Länder wie der *Vereinigten Staaten, Frankreichs* oder *Deutschlands.* Innerhalb dieser Staaten betragen die regionalen Unterschiede nur rund 1½ : 1 oder 2 : 1, obwohl sie vor einem Jahrhundert noch 3 : 1 betrugen.

»Wir müssen das Kaufkraftverhältnis zwischen den Ländern erheblich auszugleichen versuchen, wenn wir nicht riskieren wollen, daß die politische Stabilität dieser Welt stark gefährdet wird.«

In wohlorganisierten staatlichen Gemeinschaften *konvergieren* die Regionen. Die Welt wird zwar durch das starke Kommunikationsniveau von heute auch immer kleiner, aber wir glauben, wir müssen das Kaufkraftverhältnis doch erheblich auszugleichen versuchen, wenn wir nicht riskieren wollen, daß die politische Stabilität dieser Welt stark gefährdet wird.

Das ist einer der Gründe, weshalb wir glauben, daß von nun an das Wachstum der Industriestaaten gebremst und das der Entwicklungsländer beschleunigt werden muß. Einige unserer Übungen zeigen, wie überaus schwierig dies sein wird, das heißt, wie sehr alle Betroffenen sich werden anstrengen müssen, um zu einem auch nur ein bißchen zufriedenstellenderen Ergebnis zu gelangen.

Gewußt wie – technisches Know-how wird für die Dritte Welt immer wichtiger. Wenn dieses Informationsdefizit nicht überwunden wird, besteht die Gefahr großer internationaler Spannungen.

Kurzfristige und langfristige Realisten...

Ich möchte zu einigen konkreten Vorschlägen übergehen, die wir aus unserer Betrachtung für die nächsten fünf Jahre oder so ableiten können. Wir haben unter uns über Vorschläge gesprochen, die man auf die Tagesordnung setzen könnte, ohne sich in den Augen der sogenannten »*Realisten*« lächerlich zu machen. Ich sage: den sogenannten Realisten. Man muß nämlich sehr klar unterscheiden zwischen Leuten, die auf kurze Frist Realisten sind und solchen, die es auf lange Frist sind. Ich kann nicht umhin, hier an den Unterschied zu denken, den *Sir Winston Churchill* zwischen Politikern und Staatsmännern machte: Politiker waren seiner Ansicht nach die, welche an die nächsten Wahlen denken, und Staatsmänner jene, die an die nächste Generation denken. Demnach hätten wir heute dringend ein paar Staatsmänner nötig...

Ich will nur kurz auf einige Empfehlungen eingehen. Wir sind mit der Idee einverstanden, daß die *Sonderziehungsrechte* bald an die Stelle des Goldes treten sollten und daß ihre Schaffung im Sinne der Finanzierung der *IDA* erfolgen wird. Wir stimmen *McNamara* bei, wenn er verlangt, daß erhebliche Beträge – er spricht von etwa 30 Milliarden Dollar – ganz kurzfristig verfügbar gemacht werden müssen, um der sogenannten *Vierten Welt* zu gestatten, ihre Probleme zu überwinden.

»McNamara spricht von etwa 30 Milliarden Dollar, die ganz kurzfristig verfügbar gemacht werden müssen, um der sogenannten Vierten Welt zu gestatten, ihre Probleme zu überwinden.«

Ein sehr wichtiger Teil der neuen Ordnung wird sich mit Belangen des Handels zu beschäftigen haben. Wir müssen die Märkte der entwickelten Länder ganz für die Industrieprodukte der Entwicklungsländer öffnen. Wir müssen dazu auch eine Anzahl von Abkommen für die (wie ich sie nenne) *»unstabilen Märkte«* abschließen; dies sind in der Regel Märkte für Rohstoffe oder Landwirtschaftsprodukte.

Ich weiß, daß sich innerhalb der Industriestaaten in dieser Hinsicht eine ganze Anzahl Probleme ergeben. Doch wir glauben, wenn wir wirklich versuchen, die *Gesamtkonsequenzen* genau zu erfassen, dann stellen wir schließlich fest, daß sie im Endeffekt für die Industrieländer ebenfalls günstig sein werden. (Dazu sind aber Anpassungsmaßnahmen nötig, deren Erörterung hier zu weit führen würde.)

Hinsichtlich der Maschinerie, die wir besitzen, um den internationalen Handel abzuwickeln, benötigen wir dringend eine *obligatorische Schiedsgerichtsbarkeit* als ein Minimum an transnationalen Elementen. Ich würde vorziehen, daß man Institutionen wie dem *GATT* oder der *UNCTAD* oder beiden mehr Kompetenzen gäbe. Das Mindestmaß dessen, was man aber verlangen kann, ist diese Schiedsgerichtsbarkeit. Und wohlgemerkt, die *Charta von Havanna* von 1947 sah bereits eine internationale Handelsorganisation vor, die damals nicht zustande kam, aber grundsätzlich schon beschlossene Sache war. Also nicht einmal dies haben wir seither geschafft.

Ein Versuch, die Weltprobleme durch internationale Konferenzen zu lösen. Vom 31. Mai bis 11. Juni 1976 fand in Vancouver (Kanada) die »Habitat-Konferenz« der UNO statt. Sie reiht sich an die großen UNO-Konferenzen über Umweltschutz, Welternährung und Weltbevölkerung.

Die Frage der transnationalen Unternehmen ist das schwierigste Kapitel, mit dem wir zu tun haben. Das wird niemanden erstaunen. Aber in dieser Frage haben wir nicht einmal in unserer Zwanzigergruppe einen allgemein annehmbaren Standpunkt finden können. Ich bin deshalb nicht sicher, ob wir das Thema jemals in Angriff nehmen werden.

Das Hauptproblem: Massenarmut

Das eigentliche Problem ist dies: Wir fangen an zu verstehen, was die Entwicklungsländer wirklich brauchen – ein Programm, um *Massenarmut* in ihrer extremen Form zu überwinden. Dazu ist in erster Linie die Schaffung von *Arbeitsplätzen* in großem Maßstabe nötig und eine größere Nahrungsmittelproduktion in den Entwicklungsländern selbst. Wir haben alle gesehen, daß die Infrastruktur einfach nicht ausreicht, um Nahrung von außen zu den Hungernden zu transportieren.

Man muß sich also fragen: Wo sollen diese Arbeitsplätze geschaffen werden? Denn Arbeitslosigkeit stellt in diesen Ländern die schlimmste Form der Armut dar.

Der Arbeitslose bezieht keine Unterstützung, er ist wirklich das Opfer der Gesellschaft im strengsten Sinne des Wortes. So muß die *landwirtschaftliche Produktion* dort einen breiten Raum einnehmen. Dies kann ziemlich arbeitsintensiv geschehen. Es ist sogar gezeigt worden, daß man in kleinen landwirtschaftlichen Betrieben einen höheren Prokopfertrag erzielt als in großen.

»Wir fangen an zu verstehen, was die Entwicklungsländer wirklich brauchen – ein Programm, um Massenarmut in ihrer extremen Form zu überwinden.«

Natürlich müssen einige zusätzliche Bedingungen erfüllt sein. Beispielsweise müssen Bewässerungssysteme reibungslos organisiert und aufrechterhalten werden. Aber die Zahlen, beispielsweise aus *Thailand,* zeigen klar, daß auf kleinen Gebieten größere Ernten erzielt werden können als auf großen Gütern.

Wir wissen auch, daß viel für die *Infrastruktur* geschehen muß, einschließlich des Transport- und Straßennetzes, ebensoviel aber auch für den Wohnungsbau. Die Bewohner der Bidonvilles sollen sich selbst ein Haus bauen können, mit Material und auf Land, das von der Gemeinde zur Verfügung gestellt wird. Dazu gehören Straßen, Elektrizitäts- und Wasserleitungen. Es ist, finde ich, wiederum bezeichnend für die Flexibilität der Weltbank, daß sie angefangen hat, solche Projekte zu finanzieren, darunter eines in *Nairobi.*

Was die Entwicklungsländer ganz besonders benötigen, ist eine Anzahl *arbeitsintensiver* Industrien wie Bekleidungs-, Schuh- und Lederindustrie, einige einfache holzverarbeitende Betriebe und dergleichen. Vom Standpunkt der Entwicklungsländer aus ist dies wahrscheinlich das einzige Programm, das gegen die Massenarmut sofort eingesetzt werden könnte (und es ist in der Tat notwendig, daß sofort etwas geschieht).

Was tun die transnationalen Unternehmen?

Können diese Firmen etwas beitragen, um diese ausgesprochensten Bedürfnisse zu stillen? Ich meinerseits wäre gerne bereit anzuerkennen, daß das Potential der transnationalen Unternehmer gewaltig ist. Sie vereinigen in sich die talentiertesten und tüchtigsten Leute, die ich kenne. Das gibt mir die *Zuversicht,* daß sie mithelfen können, wichtige Probleme zu lösen. Außerdem ist ihre internationale Zusammenarbeit viel wirkungsvoller, als es die der Regierungen bisher gewesen ist. Dies muß sehr klar gesagt werden, vor allem um die Regierungen zu veranlassen, eine andere Haltung an den Tag zu legen. Aber auf der andern Seite ist es doch etwas *zweifelhaft,* ob die transnationalen Unternehmen mit ihrer derzeitigen Tätigkeit viel zur Lösung des Problems der Massenarbeitslosigkeit beitragen, auch wenn allgemein bekannt ist, daß das Gegenteil behauptet worden ist.

»Ich meinerseits anerkenne, daß das Potential der transnationalen Unternehmer gewaltig ist. Auf der anderen Seite ist es etwas zweifelhaft, ob die transnationalen Unternehmen mit ihrer derzeitigen Tätigkeit viel zur Lösung des Problems der Massenarbeitslosigkeit beitragen.«

Hunger und Massenarbeitslosigkeit, das sind die großen Weltprobleme. Sie lassen sich aber nicht durch Almosen lösen, sondern nur durch eine gezielte Kooperation auf Weltebene.

Ich habe den Eindruck, daß in diesem Prozeß noch viel zu viele *Unbekannte* mitspielen, als daß eine abschließende Antwort möglich wäre. Bei nochmaligem Durchdenken der gesamten Thematik der Entwicklung scheint mir, das Problem sei so und nicht anders zu formulieren:

Die Bedürfnisse der Entwicklungsländer müssen hohe Priorität genießen, eben wegen der gewaltigen Not der Masse der Bevölkerung.

Können die transnationalen Unternehmen hier etwas beitragen? Oft wird seitens der Befürworter und der Gegner so formuliert, daß es nicht gerade hilfreich wirkt, wenn man eine konstruktive Lösung sucht. Und eine konstruktive Lösung ist das, was wir am dringendsten benötigen, denn Destruktives gibt es bereits genug in dieser Welt und es wird wohl noch mehr davon geben. Aber die Herausforderung ist enorm, auch für die transnationalen Unternehmen selbst, glaube ich.

»Es ist eine Herausforderung an alle Bürger, die sich etwas verantwortlich fühlen.«

Es ist eine Herausforderung an alle Bürger der Welt, die sich etwas verantwortlich fühlen für die Welt im allgemeinen und insbesondere für unsere *Kinder* und *Enkel.* Wir müssen wirklich Anstrengungen unternehmen, die im Vergleich mit dem, was bisher geschehen ist, unglaublich sein werden. Bisher ist beispielsweise sehr wenig getan worden, um die sogenannte Entwicklungsstrategie für das zweite Entwicklungsjahrzehnt auszuführen, die 1970 angenommen wurde. Darüber wurden bereits zweimal Rechenschaftsberichte vorgelegt, doch es ist in der Tat kaum etwas geschehen.

Fotos: Ringier-Bilderdienst, Zürich, Roland Schneider, Solothurn, Sirman-Press, Genève, Süddeutscher Verlag, München.